起業家の思考法

创业家思维

成长五力思考法

[日] 平尾丈 著　　　周世超 译

中国原子能出版社　　中国科学技术出版社
·北京·

北京市版权局著作权合同登记　图字：01-2022-4955。

图书在版编目（CIP）数据

创业家思维：成长五力思考法 /（日）平尾丈著；
周世超译 . — 北京：中国原子能出版社：中国科学技
术出版社，2023.11

　　ISBN 978-7-5221-3072-9

　　Ⅰ . ①创… Ⅱ . ①平… ②周… Ⅲ . ①创业—研究
Ⅳ . ① F241.4

中国国家版本馆 CIP 数据核字（2023）第 200038 号

策划编辑	何英娇	责任编辑	付　凯
文字编辑	孙　楠	特约编辑	安莎莎
封面设计	奇文云海·设计顾问	版式设计	蚂蚁设计
责任校对	冯莲凤　张晓莉	责任印制	赵　明　李晓霖

出　　版	中国原子能出版社　中国科学技术出版社	
发　　行	中国原子能出版社　中国科学技术出版社有限公司发行部	
地　　址	北京市海淀区中关村南大街 16 号	
邮　　编	100081	
发行电话	010-62173865	
传　　真	010-62173081	
网　　址	http://www.cspbooks.com.cn	

开　　本	880mm×1230mm　1/32	
字　　数	110 千字	
印　　张	6	
版　　次	2023 年 11 月第 1 版	
印　　次	2023 年 11 月第 1 次印刷	
印　　刷	北京盛通印刷股份有限公司	
书　　号	ISBN 978-7-5221-3072-9	
定　　价	59.00 元	

你有没有过这样的烦恼？

即使再努力工作，也得不到好成果。

即使将前辈和上司教的方法全都付诸实践，也无法得到想要的结果。

即使尝试了从书本上学到的"工作技巧"，也完全没有效果。

如果你是一个与这些烦恼无缘的，并且是"只要我努力，100% 能获得相应的成果""我按照别人告诉我的方法取得了惊人的成果"的人，那么我可能帮不上你的忙。

如果是这样的话，不用翻到本书下一页，因为这是在浪费你的时间。

还想要再多读一会儿的你。

因为无法取得成果而烦恼的你。

没关系。这绝不是因为你能力不足或努力不够造成的。

当今这个时代被称为一个变化迅速、充满不确定因素、没有正确答案的时代。

过去能够取得成果的方法和别人的成功模式很快就会过时，且不会再有效。

因为环境已经发生了变化，上级和前辈推荐的方法也不见得能够取得成功。

但往往越诚实优秀的人，越容易陷入一个误区，他们会使用大家都认同的传统方式来认真工作。所以，在这个"没有正确答案"的时代，即使你努力工作，也很难取得成果。

正因如此，不受他人左右，用自己的头脑来思考变得尤为重要。

然而，即使告诉你要独立思考，许多人也可能因为不知道该怎么做而止步不前。

另外，在这个没有正确答案的时代，取得压倒性的成果的是"企业家"。

最近几年，企业家自己发现课题，用独有的解决方法让事业取得成功。社会对这样的企业家的关注度也急速提高。现在，企业家在新闻节目和娱乐节目中出场已是司空见惯。很难想象，就在不久前，日本的企业家都还不被社会如此关注。

企业家的工作是用自己的头脑思考，自己做决策，同时承担风险。

在这个不确定的时代，企业家起到了引领商业发展的作用。

通过学习这样的"创业家思维"，任何人都可以用自己的头脑思考，取得压倒性的成果。这就是我想通过这本书传达给你们的事情。

这本书完全基于我自己的实际经验，我确信这对你有用。

我经营着一家名为"次元"的有限公司。这是一家从事生活服务工作的企业，我们以"生活机会的最大化"为目标，利用技术将信息汇总并传递给更多的人，以消除信息的不平等性。

我以应届毕业生身份加入瑞可利集团（Recruit Group），并在23岁时创立了"次元"的前身企业。后来，我在25岁时成为社长，30岁时我的次元公司于东京证券玛札兹市场上市，35岁时，次元公司在东京证券一部上市。

自次元公司成立以来，我们连续12年实现了销售额和利润的增长。截至2021年3月，次元公司的总销售额超过了125亿日元（1日元≈0.05元人民币），集团员工人数超过了700人。

我之所以能够取得这些成果，要归功于我早期学到的企业家的思维方法。自从我在高中立志自己创业以来，我一直在观察各种企业家。在学生时期，我就结识了很多社会人士，并通过面对面直接沟通的方式，听取了很多一流企业家的意见，如赛博艾坚特公司的藤田晋社长等。

后来，作为学生，我创办了两家公司。我经历了无数次的失败、挫折和沮丧，但我从未放弃成为一名企业家。

"成功的企业家"有什么共同点？他们是怎样创造出压倒性的成果的？

基于迄今为止遇到的企业家和自己的经验，我一直在思考这个问题。今天我把答案的精髓全都写在了这本书里。

创业家思维由以下 5 种能力组成。

1. 发现力：为了达成目标，"发现"如何解决问题的能力。

2. 别解力：能够组合"自己独特的做法""优秀的做法""不同的做法"，想出一种别人都想不到的"别解"的能力。

3. 实现力：不让自己想到的"别解"成为纸上谈兵，将之付诸实践的能力。

4. 失败力：将失败控制在最低程度，并将失败转化为经验的能力。

5. 成长力：不断训练自己作为商务人士的实力，让自己不断成长的能力。

这 5 种能力中最重要的是"别解力"。

针对一个问题，在假定"别人能想到的方法（即正确答案）"的基础上，想出"自己独特的解决方案（即其他的解决方案）"的能力。

这正是现代商业人士需要的能力。

在企业家的世界里，侃侃而谈那些任何人都能想出的解决方案，或者那些显而易见的事情只会让人感到无聊。企业家需要的是提出一个更有吸引力的解决方案，一个更有趣的做法，一个更新奇的想法。越有这样点子的企业家，越容易得到大家的支持和关注。

通过别解（即别人想不到的方法）来刺激竞争对手，并进一步创造更多的别解的过程，已经成为企业家的一种思考习惯。许多有成就的企业家正在自己的企业中使用别解，并且取得了成果。

以"别解力"为核心的创业家思维，不是过去以效率和生产力为导向的框架中产生的嚼之无味的问题解决方法。

这是一种自己能够享受其中乐趣的思维方式，一种自己思考、自己采取行动并使之成为习惯的，能够取得成果的思维方式。

当然，创业家思维并不是一定要通过创业才能学到。无论是商务人士还是学生，任何人都能马上进行实践。不需要特殊的才能或天赋。这样的思维方式可以在发挥你独有的个性的同时，为你的团队组织、为社会带来创新。

为了向你展示这一点，本书将通过以下过程来探讨创业家思维。

在第 1 章中，我将告诉你为什么创业家思维在这个时代是必要的，以及为什么"别解力"会有效。我还特意列出了那些努力工作却无法取得成果的人的特征，并强调通过阅读本书、掌握上面提到的5种能力，就可以找到解决办法。本章还简单介绍了本书核心的"别解力"。

第2章讲解了"发现力"。设定目标，从过去、现在、未来的视点找到"应该解决的问题"。

第3章将通过具体事例详细介绍"别解力"及其具体的使用方法。

第4章描述了如何用"实现力"将别解变为现实的方法。不是去胡思乱想，而是形成一种习惯，将想法与解决问题和创造成果联系起来。

第5章讲述如何尽量减少失败，以及如何将失败转化为经验。别解不是百发百中的解决方案，也有失败的可能性，但失败会帮助你进一步提高你的别解力。

第6章将讨论成为商务人士的基础的"成长力"。我总结了发现问题、想出别解、从错误中学习成长所需的习惯和思维方式。

如果这本书能帮助你在这个没有正确答案的时代取得好的成果，将会是我最大的荣幸。

2022年3月

次元有限公司董事长、执行董事、首席执行官　平尾丈

目　录

第1章

在没有正确答案的时代　　　　　　　　　　　　**001**

不要再以正确答案为目标，而是以别解为目标　　　003

"工作上无法取得成果的人"的 9 个特征　　　　　009

创业家思维的核心在于别解力　　　　　　　　　019

别解力能做什么　　　　　　　　　　　　　　　021

寻求别解，来消磨考试时间的小学时代　　　　　025

第2章

发现力：设定目标，发现要解决的问题　　　　**029**

构成创业家思维的 5 种能力　　　　　　　　　031

掌握发现问题的基本方法　　　　　　　　　　032

发现需要解决的问题的"8M"原则　　　　　　035

重新定义问题　　　　　　　　　　　　　　　046

自己的未来由自己决定　　　　　　　　　　　047

第3章

别解力：组合自己"独特的""优越的""不同的"的做法　051

创业家思维的核心——别解力　053

构成别解的 3 种方法　054

只是两种做法的结合，不足以构成别解　059

只有 3 种做法的结合才能创造价值　062

去除别解力的障碍　064

引出不同做法的 31 个提示　070

如何面对事物消极的一面是别解的关键　081

打造上市公司的别解力　082

不同的做法　088

在庆应 SFC 的 4 年，我学习到了别解力　091

第4章

实现力：使别解连锁产生压倒性的成果　097

量变转换为质变　100

不要再以 100 分满分为目标　104

以压倒性的领导能力实现别解　106

将成果、业绩转化为自信、信赖、信用　109

继续寻找无限存在的别解　111

别解的执行案例　115

进入瑞可利集团时，以别解力一决胜负　　　　　119

失败力：利用挫折和失败来获得成功　　　**125**

通过失败获得成功的失败力　　　　　127

在你真正失败之前，预演一下失败　　　　　128

不害怕失败，看到风险和回报的平衡　　　　　132

在成功时寻找失败　　　　　134

对自己与优秀的人之间的差异进行元认知　　　　　137

充分认识到失败是成功的原型　　　　　139

如果你失败了，走了弯路，你会获得更多的经验　　　　　142

如果差距太大，就在别的场地上决一胜负　　　　　144

在瑞可利集团的 3 年时间里磨炼自己的别解力　　　　　146

成长力：巩固作为商务人士的基础　　　**151**

支撑所有能力的成长力　　　　　153

输入与输出的结合　　　　　154

通过输出了解自己的优势　　　　　157

用便携技能和技术技能磨炼自己的力量　　　　　158

与那些拥有你所没有的能力的人交朋友　　　　　160

第5章

第6章

能力和人脉是相关的 164

和人的相遇是最大的成长 166

永远不要忽视商务的基本业务培训 169

后记 175

致谢 179

第 1 章

在没有正确答案的时代

不要再以正确答案为目标，而是以别解为目标

正确答案已不再有价值

在商业界，百分之百能取得成果的正确答案已经成为一种幻想。

如果人们只是选择"谁都能想到的可行方案"，我们可能会迎来一个人类变得毫无价值的时代。随着信息时代的进一步发展，社交网络的个人媒体化、智能化都将会得到进一步的推进。与此同时，我们进入人类失去价值的时代的脚步也会不断加快。

日本是一个受到精致保护的国家。

日本不像美国那样在 GDP（国内生产总值）方面排名第一，尽管日本的 GDP 已经被中国超越，但日本的 GDP 仍然处于世界第三位。

日本是一个岛国，气候温和，尽管容易发生台风和地震，但日本仍然是一个不错的居住地。

由于日本强大的经济实力，社会治安和生活环境良好，在实现了经济高水平的增长之后，日本人已经不需要非常努力地工作，就能获得一定的生活质量保障。

然而，越来越多其他亚洲国家的人到日本闯荡创业。全球企业也正通过各种贸易方式进入日本市场。未来，日本的公司与全球其他公司的竞争将变得更加激烈。那时，日本人可能不仅要与人类竞争，还要与机器人及人工智能等竞争。

那时，即使我们想出了谁都能想到的正确答案，我们也无法胜过他人。

除非我们想出其他人都不会尝试的、具有创造性的方案，否则我们将不再有竞争力。我预想今后可能会是这样的一个时代——一个本来通过正确答案就能工作下去的人变得无能为力，甚至流落街头的时代。

现在的企业界，已经都是这样的竞争了。

即使你做了同样的事情，你也会在短时间内败下阵来。即使你发明了新的东西，你也很快就会被其他人追上。即使你通过强力的手段打造了一个强大的方案，最初可能会产生很高的价值，但因为大家想法都一样，就会产生大家都觉得"这个方案可行""我也是这么想的"的情形，最终这个方案也将变得毫无新意。

尤其是在信息技术界，商品很快就被模仿，从而变得一般化。

即使你继续从事这项事业，很快就会有更加强大的竞争对手出现。

你得出的正确答案，可能赢得了一时，但无法长期保持，最终正确答案会像幻影一样消失。

因为实像会在一瞬间变成虚像，正确答案就像幻觉一样稍纵即逝。

我们已经过于习惯那种衡量我们"是否准确记住了知识"的考试。

然而，现实世界的复杂程度却远超我们的想象，一切都无法预料、无法控制。他人也有他人的想法，他人的举动也极其复杂，无法预测，而且他人的人数也多得超过我们的想象。

在这个不存在唯一答案和绝对答案的世界里，人们只有通过简化问题，才能够给出正确答案。

正因为日本人从小就在思考这种已经有固定答案的问题，所以市面上大部分的学习方法都只是教给我们如何对事物进行记忆而已。

但在今天，这样的方法已经不再适用。

在当今这个信息社会里，互联网和社交网络服务无孔不入，信息传输也变得更加快捷。好的做法很快就会被模仿，然后被迅速传播普及，很快那个做法就会失去它的价值，也将失去其特殊性。正确答案变得不再是正确答案的速度越来越快。

价值及特殊性是由供需平衡决定的，就像由吃水果的人数与水果的大小决定的游戏规则一样，如果有更多的人前来用餐，名为"正确答案"的果实自然很快就没有了，晚来的人是吃不上的。这是当今经济世界里经常发生的事情。

在未来的世界里，我们需要动脑子的不再是"给出正确答案"，而是"想出自己的答案"。生存能力和自立能力会变得更加重要，因此仅仅依靠寻求正确答案的能力，我们将无法在当今社会立足。

也就是说，现在只有那些擅于将自己的答案变成正确答案的人、擅于发现问题的人，以及那些擅于想出别人想不出的方法的人，才能生存下去。

实际上，最近几年，我们已经进入了一个这样的时代的感觉越来越强烈了。

工作节奏加快了，工作要求的精确度也提高了，需要处理的工作量也变得异常庞大。

但是当今社会，能做好自己的工作却不能提出问题的人越来越多。

如果自己不能提出问题，你就会成为一个总是去问别人"应该做什么比较好？"，总是去依赖别人，等待别人指示的人。如果自己解决不了问题，你就只能依赖并服从于那些善于发现问题、解决问题的人。

我不禁从这样的风潮里感到了危险性。

很多人误以为发现问题和解决问题的能力是先天的。然而，完全不是这样的。发现问题和解决问题的能力都可以通过后天的努力获得。

我们需要有自己找出问题，给出自己的答案，并验证答案正确与否的能力。

在努力提高生产力的时代，我们不需要考虑多余的事情，只需要坚持一种做法并且不断地做下去，就会得到很高的评价。但在今天，劳动人口不再增加，单靠生产量也无法取胜。在缺乏资源的日本，只能依靠创意来竞争。

在争夺市场份额的时代，因为多个企业集中在同一领域抢占市场份额，造成了过度竞争。我认为如果完全没有特殊性，只专注于市场份额是没有出路的。

这里应该关注的是个性。

个性是一个复杂的系统，会根据个人经验、遗传和环境而变化。

如果能把"个性""发现问题""解决问题的方法"进行有机结合的话，几乎没有可能出现唯一的正确答案，而是会出现使用各种各样的方法来给出答案的情况。

最重要的是，我觉得充满"个性答案"的世界会更加充实，充满色彩。

创新源于多样性。如果每个人都做同样的事情，就永远不会有进化。如果每个人都发现了一个问题，并根据自己的个人观点给出了一个答案，产生突变的概率会变得更高。

也就是说，创新是从别解中产生的。我相信这样会让社会变得更好。如果通过别解能够取得好的成果的话，工作会变得更加愉快。

有必要使用打破常识的别解来突破课题，取得压倒性的成果。

在这个充满不确定性的时代，世界上有很多问题都没有正确的答案。

正因为社会上不能用正确答案解决的课题正在不断增加，所以我认为我们应该在答案因人而异的前提下，各自寻找别解。

例如，像下面的问题有正确的答案吗？

"我们如何才能建立一个既能为社会做出贡献，又能获得利润的公司？"

"在少子老龄化的社会里，是否存在每一个人都能满意的事业继承形式？"

这只是一个例子，纵观世界，许多困难和充满矛盾的问题仍未得到解答。

每个人的幸福都是不一样的，每个人的审美意识也不尽相同。

正因为答案因人而异，才会不断产生新的解决方案。

🧠 "工作上无法取得成果的人"的 9 个特征

因为正确答案不再有效，很多人都在烦恼，不知道自己该做什么。有很多人虽然在努力工作，却无法取得成果。

在这里，我们试着整理一下这类人群容易陷入的特有的行动原理和思考习惯。

通过认识这些特征，希望你能抓住机会，摆脱无法取得成果的现状。

无法取得成果的人的特征 1：在思考前就采取行动

除了不知道该做什么的人外，我认为最常见的一类人是那些在思考之前就采取行动的人。

大家都主张"边做边想"，最近这样的行为方式得到了推崇，还被评价为商务人士理想的行动方式。

"总之，先试试看吧！"抱着这样的想法，在没有想出任何策略的情况下就开始采取行动的人不占少数。

可当他们失败的时候，他们就没有"下一步"了，就只会止步不前了。而当他们止步不前，没有采取行动时，时间却还在不断流逝，他们将无法取得成果。

如果你问失败了的下属"你做了什么吗？"，可能会得到这样的回答。

"总之我先试了一次，但没有成功，然后想着各种各样的事情，就到了现在。"

这是年轻员工的一个普遍现象。

当然，以成功为目标，却失败了，这是没有问题的。但如果在知道可能会失败的前提下，提前做好准备，就不至于损失太多，同时多考虑几个方案的话，你就可以把失败控制在最低限度。这样一来，也不会浪费时间，可以更快进行下一步行动。

总之，先行动起来的人往往是没有准备的。最近经常有人说即使失败了也没关系，试着去做才是最重要的。他们把这句话误以为是失败了也没关系，于是什么都不想就去做，结果得到了失败的结果。

根据我的经验，我从来没有过毫无计划就采取行动而获得成功的经历。突然就开始采取行动的话，大部分情况下都会失败。因为经商虽然并不困难，但也不是那么容易就能取得成功的。

在行动之前，你必须花时间多考虑几个方案。

在没有方案的情况下就开始行动，你几乎不可能收获成果。

无法取得成果的人的特征 2：把错误都推卸到环境和他人身上，认为自己运气不好

每天在商务现场感受到的是，对工作抱有消极感情的人很多。

"我不想做这样的工作。"

"这个商品不是公司的主打商品，我不想做销售额低的商品。"

"我被调到了一个不想去的部门，现在必须做我不想做的工作。"

虽然这话说出来会很残酷，在企业家的眼里，这样的人还是早点辞职比较好。

发牢骚也不会有人来帮忙。即使你像悲剧的女主角一样唉声叹气，现实也不会有什么变化。

我不喜欢消极态度，我会把一切都转化为积极态度。

"如果不是主打商品的话，反而工作自由度会更高。这样的话，我就可以按照自己的想法去做，来取得成果。"

"如果是一个没有人气的部门，可能管理不会那么严格。这样的话，也许所有的业务都能交给我来做。"

换个角度来看，这可能是一份你梦寐以求的工作。在工作中，这种想法的转换很重要。

在我周围的成功企业家中，有很多人就职后的第一份工作，就被分配到了"边境地带"。

任职于"边境地带"意味着脱离了公司的核心部门。这使得他们在年轻的时候就处于可以独立思考和独立做决定的环境中。这些企业家充分利用了这点，并取得了成果。

能够独立思考并做出决策，工作速度快的人会得到非常高的评价。而且，因为几乎所有的工作都是自己做的，所以也不会被上司抢走功劳。如果我们只是抱怨的话，是不可能变得幸运的。

无法取得成果的人的特征 3：只考虑一种方案，如果失败了就想放弃

在做准备的时候，找到一个方案后，可能大部分人觉得这就已经够了。这是"正确答案病"。在我们的思维中根深蒂固地认为只有一个正确答案。

在没有正确答案的商业领域，考虑多种解决方案是前提。如果你只满足于一个解决方案的话，就会变得准备不足。企业家们会对那些能不断提供新方案的人给予高度评价。

你只能想出一种方案，可能是因为你的竞争意识不足。我们也需要放眼未来，设想可能会出现的影响我们工作的其他因素。

不要以"自己"和"某物"这样一对一的对立轴来进行思考，而是需要对世界有一个多层次的思考，包括竞争和时间轴。

以自己为中心生活的人，会觉得自己是"绝对正确"的。如果自己深信"这就是答案"的话，就不会再考虑其他答案了。他们只会觉得这个方案就是可行的，但世界并没有那么简单。没过多久他们就会发现自己得到的答案其实是错误的，这样的结果一出来，他们就变得烦躁而想要放弃。

无法取得成果的人的特征 4：在一个不适合自己的地方做无用的努力

一直在努力却没有成果。这有可能是因为你一直在做不适合自己的事情，所以没有取得成果。

许多人对自己有一个理想的形象，但他们不知道这个理想形象是否真的适合自己。这可能是你想成为的人，但是否能成为则是未知数。努力成为你想成为的人，那也是一种生活方式。但我建议，最好尽早决定你打算为之努力的时间和放弃的时机。

我建议你可以给自己定一个时间，如果你在这个时间内没有取得成果就放弃。这个时间可以是一周、一个月、半年、一年、三年、五年。这个期限可以根据自己的情况延长或缩短，避免因为执着于时间而无法完成工作。

"想做的事"和"必须做的事"之间存在差别。

为了不浪费时间和精力，最好能够提前知道存在这样一种区域。在著名的"乔哈里之窗"中，有一种自己看不见，只有对方才能看到的"盲目区"。

如果你事先找到关注自己的人，你就可能会得到完全没有想过的建议和指点，这会扩大你的视野和世界。那些自己看不到的，只有别人能看到的你身上的特点，如果有人来告诉你这些的话，那将是非常宝贵的经验。

当然，人的可能性是无法估量的。即使一开始不顺利，后来突然觉醒的情况也有很多。也可能会出现即使一开始觉得自己不适合做这个工作，然后突然有一天发现自己能做到了的情况。所以我们不应该否定自己的努力。

而且，人是富有个性的。我作为社长，有很多面试别人的机会，除了本人希望的职业和工作外，我还会看到这个人可能在其他方面发光的潜质，这样的情况并不罕见。

与其在一个不适合你的世界里重复徒劳地努力，为什么不把你的注意力转移到一个你可能会被别人重视的世界呢？

无法取得成果的人的特征 5：只学习已经过时的技能

"年轻的时候，应该多学习一些技能。"

经常听到这样的说法，现实中存在着应该优先学习的技能。

基本上，作为特定工作和专业技术的"技术技能"（编程和设计技能等）很快就会过时。如果你不继续学习，就会失去这些技能。技术技能随着时代背景的变化，内容也会发生变化，想要积累这些技能是不现实的。那样只会占用我们更多的时间。

比起这个，我们应该优先掌握那些可以积累的技能，这样我们就会有更强的基础来取得压倒性的成果。这种技能是即使公司和职业发生变化，也可以带走的"便携技能"。

领导能力、问题解决能力、演讲技巧等便携技能是无论做什么行业都需要的基础技能。因为这些技能不会过时，如果你优先掌握了它们，就可以以此为基础积累各种各样的其他技能。

无法取得成果的人的特征 6：只停留在"优等生方案"

在学校的考试中，考到 100 分就是满分了。

有些人甚至在步入社会后也认为工作的满分也是 100 分。在这个前提下那些能拿到 80 分的人，经常会误以为自己取得了好成绩。

但世事不同于学校的考试，即使是满分为 100 分的考试，也会有人取得 500 分、1000 分这样的杰出结果。我们应该把战场从"满分 100 分的考试"转移到"得分无上限的工作"上来。

那么，需要什么条件才能摆脱取得 80 分即可的"优等生方案"，取得突破性的结果呢？

不要只看自己的问题，要关注组织的课题、行业的课题、社会的课题。一个只看到自己的人，不会发现更大的问题，也不会做出突破上限的成就。你能为你所在的组织做什么吗？你能为你周围的人做什么吗？通过采取这样的视角，你就会发现以前没有看到的问题。

话虽如此，但如果问题太大的话，就会花费太多的时间和精力来解决，所以最好从身边人的问题开始着手。

无法取得成果的人的特征 7：不会从失败中学习

不会从失败中学习的人，工作都不会顺利。

你要是不从失败中学习，失败就没有价值，你只会一次又一次地犯同样的错误。

但在失败的时候，我们往往是无法理解自己为什么会失败的。等事情结束后，被别人指出问题所在或者发现自己的方案没有效果的时候，才知道自己哪里失败了。知道自己为什么失败，会有一定的时间滞后性。

如果觉得失败了，这件事自己无能为力，且自己不能分析失败的原因，也不会注意到为什么自己会失败。如果就这样放任不管的话，我们只会重复同样的失败。

你应该意识到，失败使你失去了成功的机会。

如果成功了，从失败中学习的过程本身就没有必要，你可以去做一个新的"工作"。工作的报酬应该是新的工作。如果你不这么想的话，失败就不会消失，在以后的工作中也会很难取得成果。

无法取得成果的人的特征 8：缺乏信心

没有自信是因为没有取得成功。

没有取得成功就不会得到表扬。没有被表扬过的人就没有自我肯定感，也不会有自信。

而且，如果你不去面对自己，你的自我肯定感就不会提高。

面对自己，知道自己的优势，就会有自信。一旦进入社会，我们就会忙于工作，没有时间创造自己的优势。一边磨炼自己的优势一边工作是一件很困难的事。在这方面，如果有人能够提前发现自己的优势，将会对我们更有利。

因为如果你有长处，你可以举手说"我很擅长这个，可以让我来做"。但如果你不知道自己的长处，就只能等着别人给你分配工作，你就会失去信心。

获得自信的唯一方法是，把自己的强项和自己想做的事情匹配起来。为了避免自己对自己的强项感到自满，重要的是尽可能地多输出，并能说出你能做到哪一步，因为可能还有其他人擅长同样的事情。

为了将你的优势和你想做的事情相匹配，必须考虑如何将其习惯化、让其成为你生活的一部分，将其融入你的生活方式。

在我二十多岁的时候，我弄清楚我的优势是什么之后，开始思考理想的自我应该具备哪些能力，然后从那里倒推，看自己为获得这些能力需要做些什么样的工作。

没有自信的人，先试着写出自己现在拥有的优势是什么。

在此基础上，请考虑一下要成为你想成为的人，自己所需要具备的能力。

如果你只是等待，将无法幸运地得到一份工作，一份让你获得那些"成为你想成为的人"所需的技能的工作。有意识地主动承担那些你擅长的、你容易取得成绩的工作，有意识地去争取那些能够培养能力的，培养你成为你想成为的人所需的能力的工作。

无法取得成果的人的特征 9：觉得自己不适合这份工作而选择逃避

那些以自己不擅长或不喜欢为由逃避工作的人，也无法取得成果。

在寻找适合自己的工作时，我们容易错过成长的机会。

我们在判断自己适合做什么工作时，通常是主观的。除非你在你的能力和你从外部世界得到的目标之间架起桥梁，否则你不会知道你的能力的适应性。你应该通过和别人的比较，把握自己是否有足够的附加价值。

知道你有多少个竞争对手也是非常重要的。 如果有很多人可以做同样的事情，那你不做也可以；如果只有少数人能够做到，你肯定应该去做，因为这很罕见。

以前，在次元公司的转职面试中，有人给出了以下的自我介绍。

"我正在从一家金融咨询公司转到一家战略咨询公司，我想很少有人既能做好财务又能做好战略。"

然后，我问了他这样几个问题。

"据你了解，日本现在有多少人能做到这一点呢？"

"在这些人中，你认为你能够排到第几名？"

"你与众不同的能力，对我们次元公司有什么帮助？"

我很清楚地记得那个人充满问号的表情。

人只有在和其他事情的关系中，才能看出自己的工作适应性。为了谋求与自己以外事物的关联性，输出是必不可少的。当你在输出时，即使不乐意，你对自己的了解也会越来越深。

作为第一步，你应该面对最大的问题，而不是考虑自己的工作适应性。当你面对 1000 个问题时，如果解决了这些问题，你就会得到超过 1000 份的工作。通过这样的积累，你就能创造出可以拿来和他人对比的自己独一无二的工作适应性。

🧠 创业家思维的核心在于别解力

读到这里，我们已经看到了工作上无法取得成果的人的特征。

虽然在工作上无法取得成果的人有各种各样的特征，但即便你有一点符合这些特征中的一个，也没有关系。掌握接下来我分享的创业家思维，你将能够取得压倒性的成果。

创业家思维的核心是别解力。

别解力是指自己发现课题、发现问题，对于没有答案的问题，活用自己所有的知识和经验，找到自己的答案（即别解，别解决方案）的能力。

别解如图 1-1 所示，由 3 个要素构成。

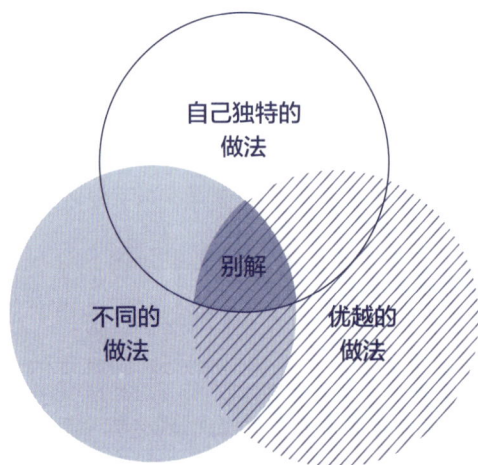

图 1-1 别解是 3 个要素的组合

这 3 个要素分别是"自己独特的做法""优越的做法""不同的做法"。

所谓自己独特的做法，是反映了自己的经验、知识、优势、激情和价值观等的自己独有的做法。

优越的做法是更大、更多、更快、更便宜、更昂贵等被社会所接受的方式。

不同的做法是指试着做与优越的做法相反的做法，试着无视自己的优势和价值观等，打破陈规的做事方式。

同时满足这 3 个做法的部分相当于别解（即别解决方案）。只有当这 3 个要素结合在一起时，才会产生一个别解，取得一个别人都无法模仿的压倒性的成果。

别解力能做什么

别解能创造个性

因为别解与大多数人的想法不同，所以它本身就具有个性、独创性的要素。在此基础上，融入自己独特的做法，可以提高自我肯定感。

而且，取得成果的过程本身，就能发挥我们的个性。

我将在第 3 章详细阐述，实现别解的方法是无限的。即使产生了同样的别解，关于什么时候去执行别解，你也能发挥你的原创性，创造自己独特的解决方式。

我认为个性和压倒性的成果有因果关系。

图 1-1 中的"不同且优越"的做法是创新的关键点。如果它不能反映你的个性和人格，你将无法再次通过这样的方式来取得成功。

别解也不一定总能够顺利完成。即使第一次尝试成功了，那个做法也很快就会被淘汰。为了可以使用自己独特的做法进化别解，我们必须考虑并充分认识能够反映我们个性的方法。

要想堂堂正正地前进，个性和自我是关键。次元公司之所以能够一直经营下来，也是因为我们的方法论很有趣，我们擅长这个领域，并且这个领域符合我们的价值观。

特别是我们可以强烈体会到全身心投入到工作中的这种感觉。

专注于自己喜欢的领域、专注于自己强项的人会比任何人都要强。这在工作、学习、体育方面都已经得到了证实。而别解使之成为可能。

别解是想法的组合

别解并不是追求天才的灵感。

别解是把你生活过程中的经验法则、价值观、激情、觉得有趣的事情等组合起来而产生的想法的组合。它不要求人们有特殊的能力也可以实现。

别解力是由思维方式、行为方式和形成这些的基本习惯决定的。它是一种可以通过后天努力获得的力量。我也仍在根据我的学习和经验等，磨炼自己的别解力。

在 1965 年出版发行的《创意的生成》一书中，作者詹姆斯·W. 扬（James W.Young）这样写道："创意不过是现有元素的新组合。"

这是他在半个多世纪前提倡的"思想不是天才的灵感"的想法，至今仍然适用。

别解力不是一种才能，而是基于思考、行动和习惯的要素组合。这就是别解力最重要的一点。

别解使工作变得愉快

通过别解可以获得压倒性的成果，助你得到领导重视、表现出你的个性，提高你的自我肯定感，令你工作时变得更快乐。

这可能是一个先有鸡还是先有蛋的争论，有人因为别解获得成果，使工作变得更快乐。也有人在争取成果的过程中发现了别解，收获了自我肯定感，从而使工作变得愉快。

当然，也有一些人不善于独立思考。但那些不喜欢结果已被定好的人；或者那些被权威和体制压迫着的，但仍不放弃抵抗，具有"反骨"精神的人，都可以通过别解找到自己的附加价值。

自己思考、努力行动，结果就会改变。这不会让你感到内心澎湃吗？我就是这种类型的人。别解之所以优秀，是因为它就是这样一个循环。

确实，想不出别解的话会很痛苦。

当我还是一个刚开始创业的学生时，因为我根本想不出任何点子，落在了竞争对手的后面。之后，我每天花时间思考 3 个商业点子，并反复训练自己。

刚开始真的很痛苦。无论我怎么想，都无法想出一个像样的主意。

然而，随着我的耐心训练，思考别解的时间变得很快乐，不到一年，想法就一个接一个地浮现出来。

我从软银集团的孙正义先生那里得到了一个提示。

孙先生说，他每天都会花一定的时间思考，一定要坚持想出一个新点子。

有趣的孙先生每天都会想出一个点子，平庸的我就决定每天至少拿出 3 个点子，我做到了。从我家到庆应义塾大学湘南藤泽校区是一个漫长的通勤过程，我把在电车上的那段时间作为我的思考时间。

当人们擅长某件事情时，他们就会享受它。一个又一个想法出现在我的脑海中，我把它们保存在我的笔记本或手机的备忘录中。这就像艺人的"段子本"一样，在参加商务计划大赛等比赛时，我以我的段子本为基础进行了构思。

刚入学的时候，我想不出好点子，被竞争对手夺走了我的领导地位，但一旦我能够出主意，领导者这个角色自然而然就由我扮演了。

不久之后，几乎所有的点子都是我想出来的。在我努力成为企业家的过程中，能够想出首屈一指的商业想法是我的一个优势。即使最初做不到，通过下一章与你分享的方法论，你也能够想出别解。

别解可以改善社会

组织论认为，创新来自多样性。

我认为当每个人都发挥自己的优势，致力于寻求别解时，就会带来组织的多样性和一个自由开放的组织。

我从心底相信，每个人的个性都得到充分表达的世界是一个更有创造力、更有吸引力的世界。我的次元公司也致力于将每个员工的人生故事与公司理念相融合。

因为只有这样，才能够实现创新。据说在各种各样的组织和团体中都进行过类似的实验，也有数据显示，只要有一个人的思维方式不同，就会产生很好的效果。

我相信，通过别解来发挥你的优势，对社会也会产生好的影响。

🧠 寻求别解，来消磨考试时间的小学时代

以自己独特的做法和不同的做法解决问题的能力，就是别解力。

我从小学开始就一直在寻找别解，想让老师们大吃一惊。那其实是一个不得已的行为。

我的母亲是一名补习班老师，"反复练习"这一理念已经

渗透到我们的家里。反复练习是一种以极快速度解决大量问题的方法。

因为用这种方法解题——小学的考试题，我的同学要花30分钟来解答的题目，我只需要花5分钟就能解出。

考试的时间对我来说是一段空闲而无聊的时间。

还是小学生的我想和同桌交谈来打发时间。当然，在考试期间聊天的话是会被老师批评的。那时的我通过"没关系，我们不是在谈论考试"这样的假道理巧妙地蒙混过关了。

考试的时间太久，又不能和朋友说话的话，很多孩子都会在试卷的背面涂鸦。但当时的我，不是通过涂鸦，而是通过寻找别解来消磨时间。

比起正确答案，我更执着于别解

不久之后，比起用老师教的方法得出正确答案，我发现了能用和大家不同的方法得出答案的乐趣。

但是，我自豪的答案却被老师打了一个叉。对于一个经常拿100分的学生来说，被打了叉是相当大的打击。

我去找老师，问："为什么这是错误的？请说明一下理由。"

老师可能觉得当时的我是一个麻烦的少年。

当然我给出的答案肯定是对的。老师说，我导出答案的过程，使用了小学生没有学过的方法，所以给我打了叉。老师还说："因为这个方法没有记载在学习指导要领上。"当然当时的我是无法接受这样的回答的。

我和老师理论说："那么，即使写了同样的东西，对于没学过的小学生来说是错的，但是到了中学学过了之后，就会变成正确的。这样不奇怪吗？"

我仍然记得当时老师那一脸不高兴的样子。

回到家告诉我母亲这件事时，她也赞同我的观点，说"老师是不对的"。话虽如此，我给出的解法，可能不仅包含了正确的部分，还包含了不正确的部分。

这对我来说是非常痛苦的经历。

思考是自由的

虽然我当时还只是小学生，但我觉得不能剥夺我们思考的自由，所以我一直据理力争。

解题过程和答案都是对的，为什么要给我打叉？我会去争论这个解题过程哪里是对的，哪里是错。老师最后也没能给出依据，结果，我和老师的关系变差，我成了老师眼中的问题学生。

尽管如此，老师给我打叉，我还是挺不甘心的，所以有时我会擦掉得出答案的别解的过程，只写上标准答案；或者特意改为老师所要求的标准答案后再提交。这是在浪费时间，但这并没有打消我去思考别解的想法。

这种削减"我自身特征"的经历，在我小学毕业后就没有了。即使是别解也会被判为正确，甚至反而得到了表扬。这样的经历不断积累。如果那个时候按照老师说的那样修正我给出别解的轨道，就不会有现在的我了。

要　点

- 现在是一个"给出谁都能想到的可实现的点子，人类就会变得毫无价值"的时代。

- 你必须想出别人不会尝试的创造性方法，不然你就无法与他人竞争。

- 如果你发现问题并根据个人观点给出答案，发生突变的概率会更高。

- 在行动之前花时间思考多个方案。

- 关注组织的课题、业界的课题和社会的课题。

- 创业家思维的核心是别解力。

- 别解可以帮助我们取得压倒性的成果、被重用、表现出自己的个性、提高自我肯定感。

- 发挥个性的世界更有创意和魅力。

第 2 章

发现力：设定目标，发现要解决的问题

🧠 构成创业家思维的 5 种能力

从这一章开始，我们要开始讲解创业家思维了。创业家思维由 5 种能力组成。图 2-1 显示了这 5 种能力之间的关系。

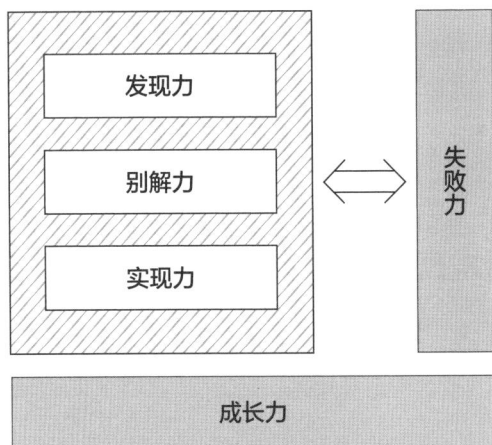

图 2-1　创业家思维的 5 种能力

第一，为了达到目的，需要有发现应该解决的问题的发现力。

第二，要有别解力，即针对问题给出自己独特的解决方式（即别解），且该答案能够超越别人的答案。

第三，为了不让自己想到的"别解"成为纸上谈兵，我们需要有将别解变为现实的实现力。

第四，无论你发现问题并实现了多么出色的别解，不是所有的解决方式都能得到好结果，失败总是会发生的。

当然，作为大前提，我们应该做好准备，避免失败。即便如此，在失败发生的时候，如果没有从失败中学习并成长的失败力，我们就可能会重复同样的失败。

第五，把发现力、别解力、实现力、失败力构成一个无限的循环，只有反复经历这样的循环，才能获得让人成长的成长力。

这就是创业家思维所需要的 5 种能力。

🧠 掌握发现问题的基本方法

让我们先一起思考一下发现力。首先我想说的是发现问题的基本方法。

①正确"定义"问题。

②正确"发现"问题。

③决定"何时、何事、以何种顺序"来解决问题。

④把握解决问题时存在什么样的"障碍"。

⑤最后明确我们要以何种"状态"实现目标。

掌握发现问题的基本方法，我们至少需要完成这 5 个阶段。

关于如何锻炼问题发现力，这是一个特别大的主题，仅关于这一点就能写出一本书。但由于这不是本书的中心主题（别解力），所以我在这里只传达基本的想法。

在这里，我想告诉大家，正确发挥别解力所需要的发现问题的方法。

转换视角发现问题

如果问题的主题一开始就偏离了目的，可能你就需要去解决不需要解决的问题。然后，即使解决了那个问题，也无法解决根本问题。

本来我们必须去解决一个对社会、对组织而言都必须解决的非常重要的大问题，结果最后你却只解决了一个近在咫尺、容易发现的小问题。可能对你而言，那个问题看起来很大，但是从更高的视角来看的时候，往往这些问题只是一些微不足道的小问题，没有解决更根本的问题。

那么，怎样才能发现我们应该去解决的问题呢？

• 了解公司的情况。

- 了解经营者在想什么。
- 了解社会。

像上面写的一样，了解别人的视点和知识是很重要的。

我大学毕业后进入了瑞可利集团。那个时候，我在想自己在全体员工中的需求度大概排第几。新员工刚进公司的话，应该是最后一名。

如果当时瑞可利集团有 4000 名员工的话，我应该就排在第 4000 位。但是，几年后我一定要登上顶层。因为如果我不那样做的话，我就只是公司运转的一个齿轮而已。

我想如果只是处理别人丢给我的问题和课题的话，是无法实现走向顶层的梦想的，所以我自己去找工作做，提出我发现的课题。

"瑞可利集团缺少这一部分的工作。"

"因为我们是一家用纸张办公的公司，所以在网络发展这一块有点落后。"

"从刚成立时就一直是这样，这不是完全没有改革吗？"

可能你们会觉得我太狂妄了。但如果你有发现问题的能力，你就可以比你的上级和前辈更接近问题的本质。你解决了这些核心问题，就相当于解决了一个对公司有非常高价值的问题，公司对你的评价也会提高。

如果你的视角不高，你能看到的世界就会一直很狭窄。

试着从比现在的自己更高的视角去寻找问题吧。

发现需要解决的问题的"8M"原则

从这里开始，我们来看看提高问题发现力的 8 个视角。
图 2-2 中的"8M"是发现问题的关键。

①目的 为什么要做	②目标 明确理想	③问题 与理想的差距
④过去 过去的信息、 过去的问题	发现力	⑤自己 自己的强项和弱点
⑥周围 合作伙伴、 时间、地点等	⑦市场 行情、顾客、竞争等	⑧未来 今后的课题

图 2-2　提高发现力的"8M"原则

①目的（明确为什么要做）

要发现问题，你必须先找到一个目的。

为什么我们要去正视这个问题？明确了这个目的之后，我们就能发现问题的核心和本质。

如果我们无法找到目的，可能是因为我们没有把握工作的意图。

如果上司布置给你一个工作，而你只是因为上司让你去做，或是因为你被分配到了这个任务而去做的话，你将无法找到你工作的目的或意图。

"为什么要做这个工作？"

"为什么必须我来做？"

我们需要对这些问题进行深入思考。

首先，你可以自己先考虑一下。如果你能理解这个工作的目的的话，那么就努力实现这一目的。如果你不明白或感到有疑问，你可以去向上司或前辈请教。

我从瑞可利集团时代开始，就经常向上司和前辈请教了。我甚至有时会因为问得太多而被骂过。

"你别管那么多，去做就行了。"

当被这么说的时候，我没有表示赞同，而是坚持不懈地继续提问。

"为什么要说'你别管那么多，去做就行了'呢？"

"如果是这样的话，即使不是我去做也可以吗？"

我也觉得我当时应该是一个既傲慢又麻烦的下属。

但这是一件非常重要的事情。如果你在不知道目的的情况下工作，就不会有任何收获，你就只是一台工作机器。

如果你知道了自己为什么而做，为什么要让自己来做的话，就能把握那个工作是什么工作的一部分，完成那个工作之后会怎么样等，你就可以把握一个整体情况。

一旦你把握了那个工作的整体情况，你就能明白那份工作的价值和意义。

一旦你明白了工作的价值和意义，你就会知道该如何着手那份工作。

知道了整体工作的价值，你工作的方式也会有所改变。知道是为了什么去做这份工作之后，我们对工作就会更加有热情。

正如那个有名的 3 个瓦匠的故事，这是一份只需要堆积砖块的工作，还是在建造一座将被载入史册的大教堂的工作，这种想法的不同会改变你对工作重要性的认识。这是一个通过理解目的来提高自己对工作的重要度的认知的过程。

相对地，这也会成为命令下属去做这份工作的上司进行思考的契机。

"为什么要让这个下属做这个工作？"

"我希望这个工作能够做到哪一步？"

"我希望我的下属通过做这项工作能够掌握什么？"

如果你不从向上司提问开始，就无法确定问题中包含的"真正的问题"。

如果不知道真正的问题所在，你就无法达到目的。目的不是让你去做那项工作，而是做这项工作能够实现什么。

②目标（明确理想）

目标是实现目的的手段，在结构上位于目的的下一层。

这里所说的目标不是公司和上司设定的"目标销售额××日元"这样的目标，而是去为自己设定一个理想状态，来解决刚才发现的真正问题。

例如，如果上述瓦匠的目的是"建造一座留名青史的大教堂"的话，那么他的目标可能是"做出能够1000年都不坏的砖"。

没有目标的人，可以在设定目的后，去关注这个目的如何对社会和公司产生价值。这也可能会成为你的优势。

你有没有听到过有人说"待在公司很无聊。"

如果问他们是否知道他们公司的总裁正在因为什么样的事情而烦恼，总裁正在试图改变什么时，几乎没有人能给出答案。

我想说的是，不要只顾着寻找自己想追求什么，要深思熟虑地思考社会在追求什么，公司在追求什么，公司的老板和高管在想什么。在制定目标方面，这样的思考会发挥非常重要的作用。

这样思考你就会知道为什么这份工作会分配给你，你也能想到公司让你做这份工作可以实现什么理想。

另一种思考目标的方式是聚焦未来。

日本人喜欢"温故知新"，如与去年相比提高了多少个百分点之类的，大多数人设定的目标是基于对过去成就的延伸。当然这样也是可以的。

但我认为，制定目标时最好从未来倒推，看看未来可能会发生什么，有多大作用，这样才能保证目标的实现。

在未来可能会迅速发展的新行业中，不存在专家，所以所有人都在一样的起跑线上。成为别人做不到的"优秀的少数派"更有价值，也更有可能成为专家。

未来是一个对年轻人特别有利的世界。上了年纪的上司和董事们不知道的世界还有很多，我们也有可能发现一个具有很大成长空间的领域。在油管（YouTube）上传视频、进行实况直播的博主，这些基本上都是年轻人的专属领域。这样的领域应该还有很多。

③问题（从差距中把握问题）

如果设定了理想状态的目标，其与现在状态的差距就会是一个问题。但重要的不在于模糊地意识到问题，而在于提高问题的"分辨率"并充分理解它。

- 这个目标要求速度快吗？

- 这个目标要求的数量大吗？

- 这个目标是否要求降低费用？

- 这个目标是否要求迅速提高销售额？

- 这个目标是否要求增加顾客数量？

- 这个目标是否要求改变价格设定？

我们应该尽可能多了解存在什么样的规则，有什么样的种类，以及问题是什么。所有可以数值化的东西都进行数值化、结构化、参数化，使其变得简单易懂。

在此基础上，重要的是，要先假设这个问题可能是错误的，对这个问题产生疑问。

④过去（从曾经解决过这个问题的人那里收集信息）

在把握好问题后，如果过去有人解决过同样的问题，我们可以从他们那里收集信息。

- 过去解决了这个问题的人是什么水平？

- 如果将其适用于其他行业的话是什么水平？

- 什么因素决定了这一点？

- 它是由数量决定的吗？

- 它是由速度决定的吗？

仔细分析过去的"强者"的特点，看清他们是如何获胜的以及他们是如何取得成绩的。

有没有做这件事会有很大的差别。大部分人都没有去找过"过去的问题（即过去出现过的问题）"。大部分人都是后知后觉地去做分配给自己的工作，从他们能在规定时间内完成的部分着手，不明白的地方就交白卷。这就和学校的考试一样。从会做的地方着手是考试的铁律，他们还没有摆脱考试的束缚。

如果是考试的话，拿到 80 分就合格了。但在工作中，你必须意识到，80 分并不是一个合格的成绩。

比起那些我们会做的地方，在工作中我们更应该去解决那些重要的问题。为了确保你有时间去做并了解问题，我们应该去找过去出现过的与之极其类似的问题，这是最基本的准备工作。

人们一说起解决问题的专业人士，就会想到顾问。当顾问在处理新问题时，会花一定的时间来输入所有信息。我觉得像这样的准备工作进行得越早越好。

对于那些我没有经验的行业，我会在短时间内把握该行业大致的流程。我觉得一个星期的时间足以让我在任何问题上有一个好的开始。我们不追求完美，但如果只是敷衍地去做一个工作是没有意义的。

在此基础上，我也会关注周围的信息。很多人只看到自己和问题，但是周围有多少人在做同样的事情，过去有多少人做过，谁取得了优异的成绩，其原因是什么？通过关注周围的信息可以帮我们开阔视野，帮助我们找到问题的核心所在。

世界上的问题，99% 都是过去出现过的问题或者是相似的问题。如果是这样的话，肯定应该事先研究一下过去出现过的问题。在了解了过去出现过的问题的基础上，我们再集中准备如何解决眼前的这个 1% 的问题。我想这样就能解决问题，并取得很好的成果。

如果有条件的话，你应该去见见那些过去解决过类似问题的人。

见了他们，你就会发现自己和他们之间的差别。不要只从结果来判断，要将那个人的优势、特征和压倒性的成果全部语言化，你就能充分地认识并把握好你跟他之间的差距。

一手的数据是信息的宝库，二手的数据并不能给你真实的信息，也无法让我们理解存在的差异。为了获得更多的信息，最好能与关键人物或当事人本人见面。但是，如果很难见到他们本人，例如他们生活在其他城市的话，即使是二手数据也没关系，我们必须从多个角度来对这些数据进行探讨分析。

重要的是，即使过去解决过这个问题的"强者"教给了我们很多东西，也不要想着按照他们的方式去做一样的事情，因为模仿是没有竞争优势的。

相反，了解过去的问题及其解决方案，然后想出与其不同的自己独特的解决方案，这才有意义。

在你打听到过去出现过这个问题的时候，那个信息就会过时。如果你能够接触到这些信息，那么其他人也能打听到这些信息。这样一来，将这些信息进行商品化是没有竞争优势的，我们应该思考如何去超越这一点。

在这种情况下，收集到的过去强者的数据才可能是有用的。

- 销售额上升了多少之类的"规模"。
- 接触了多少位顾客之类的"范围"。
- 过去解决过这个问题的人的武器的"强度"。
- 有多少人变得幸福、有多少人感到感动等"深度"。

我们应该看这些要点。另外，我们还应该检查效率性和扩展性，在进一步强化过去强者的数据的基础上，考虑其成果能够在多大程度上适用于当今社会。

⑤自己⑥周围⑦市场

世界是有限的，资源也是有限的。经营中的人、物、钱这 3 种资源不仅适用于企业，也适用于个人，我们要先明确下列条件。

- 自己的优势和劣势是什么？
- 有合作伙伴吗？你能动用多少人？
- 要花多少成本？
- 要花多长时间？
- 顾客是谁？
- 竞争对手是谁？

你还要熟悉公司的结构，比如组织中的沟通渠道是什么样的，上级如何看待你等。

发现和解决问题的时间并不是无限的。弄清楚自己"手中牌"的功能，想出如何最大限度地"出牌"，如果不能在限定时间内做到这些，就很难取得成果。

例如，当你听到强劲的竞争对手所取得的成就时，你会不会觉得自己已经赢不了了，开始思考我们是否还有挽回的机会？

"如果我发挥自己的优势就能赢吗？"
"和我的工作伙伴并肩作战的话能赢吗？"
"也许投入更多的钱会更好。"
"也许投入较长的时间会更好。"

"我的竞争对手可能在竞标时很弱。"

"能够打动客户的点在哪里？"

"客户想要的东西的稀有性到什么程度？"

当时的顾客是谁，当时的课题是什么，因为是个别案例，所有的要素都会发生变化，所以需要我们好好考虑。

⑧未来（预测今后的课题）

虽说很少有人会做现状分析以及对过去的问题进行分析，但也不是没有人这样做。但对未来进行预测的人真的不多。因为大部分人即使想做也不知道该怎么做。

发现问题的时候，不仅仅要关注其过去和现在的差距，还要关注现在和未来可能出现的差距，我们才更有可能发现解决问题的关键。

"没有人知道未来会发生什么"——即使有人这么告诉你，我们仍然需要展望未来，预测世界会发生怎样的变化。预测今后企业的课题、行业的课题、社会的课题。

任何事物都可以成为这方面的判断依据。比方说描写未来的漫画、描写科幻世界的小说，即使看起来是很荒诞的世界，未来一切皆有可能。

作为真实的资料，公共调查和智囊团的调查、预测未来的白皮书也是有帮助的。但不要盲目地相信书面上的东西，而应该通过与收集到的信息进行比较，积累自己的判断和预测，比方说判断一件事"这可能发生""那不可能发生"。

积累的数据，重要的是因子（factor）。但是，正常生活中能得到的因子，只有自己周围的一次信息。这是一个非常有限的范围。因此，即使是二次信息也没关系，我们可以从所有领域获取因子。

现在，国家、地方公共团体、民间都公开了各种各样的统计、调查、问卷、研究成果等，我们可以很简单地从中获取因子。重要的是利用因子来发现即将增长的市场和即将衰退的行业，去发现由此衍生的问题与因子有何种联系。

🧠 重新定义问题

彼得·德鲁克（Peter Drucker）这样说过："经营中最严重的错误不是给出错误的答案，而是回答错误的问题"。[《人、思想与社会》（*Men, Ideas and Politics*）]

在经营企业时，我发现机会往往是由公司的业务领域和地位决定的。问题也是如此，一切都是由你要解决的问题决定的。

如果问题的立场错了，从一开始就已经注定了会失败。因此，发现问题变得尤为重要。

另外，德鲁克还指出：

"问题因人而异（因上司、因客户而异）。"

"问题随着环境的变化而变化。"

"问题在工作过程中不断发展。"

也就是说，重要的是要有自己发现问题、自己转化问题的能力。

不要只是一味地接受老板分配给你的问题，你可以演化这个问题，让解决这个问题变得对你有利，通过解决这个问题让公司变得更好。

想象一下，在你解决了这个问题之后，有一个不同的问题在等着你，也会对现有问题的转化产生很大的影响。

"如果我能解决这个企业的问题，公司会让我负责一家更大的企业吗？"

"如果我能解决销售方面的问题，公司能让我做编辑或策划吗？"

通过这种方式想象自己未来的发展，你可以做这样的设想：如将大企业的问题与中小企业的问题放在一起来解决，或者把编辑或策划的问题植入销售的问题里。

自己的未来由自己决定

在我的家庭中，母亲强力支持我想做的事情，我几乎没有被否定过。

尽管我们并不富裕，但我的父母还是让我进入了一所初高中一体的私立学校学习。

正如第 1 章中所说，我花在等待考试结束的时间，比正式答题的时间要长很多。其他的孩子即使用完了答题时间也得不到 100 分。这样的小学生活很无聊，我开始觉得自己可能和其他同学有些不一样。

虽然我有一些很好的玩伴，也过得挺开心，但是我会想"我不应该待在这里。我想去一个和自己水平相符的学校"。

要考哪所学校是我自己决定的。我会亲自去我感兴趣的学校看一看，并做了大量的调查，调查那里的高年级学生是什么样的，校风是什么样的。我还会对那所学校的考试考什么、怎么考以及历年真题进行调查。

无论是当时还是现在，中学考试的大部分答案都要涂在答题卡上。但是，海城中学是以主观题为主。我感觉这样的考试方式反映了该学校的校风是允许学生表达自己的意见，于是我选择了海城中学。我也被海城中学在笔试之后还有面试这一考试形式吸引了。这说明海城中学看重的不仅仅是学生的学习能力，还看重每个学生的个性以及学生未来想做什么。

这意味着我从小学开始，就已经有了通过调查学校过去出现的问题来找到该学校的出题倾向，进而调查校风的习惯。

为了创业，我以庆应 SFC 为目标

虽然在初高中一体的学校度过了 6 年时光，但是高中 3 年级的时候，我已经打算不参加高考了。那个时候，我碰巧看到一个电视节目，讲的是庆应义塾大学 ① 湘南藤泽校区（简称 SFC）的一年级学生正在创业的样子。对于想创业的我来说，这是一个很大的鼓舞。

如果能去 SFC 上学，我就可以在日常生活中感受到创业的乐趣。

那之后，我的想法就变了。从不参加大学考试，变成了只想去 SFC 读书。因为我想这是唯一一所我可以想象出以自己独特的做法前进，并解决自己问题的大学。自己做决定、自己去挑战，如果考不过的话也没有关系。我就这样下定了决心。

然而，当时离考试时间已经没剩多少日子了。

当时，数学是我唯一擅长的科目。本来我就很擅长逻辑性思考，所以入学考试只考数学和小论文的 SFC，对我来说是一个完美的选择。

我很幸运地拿到了 SFC 的录取通知书，这打开了我创业的大门。

---

① 是日本的第一所高等教育机构，也是一所世界著名的研究型大学。——编者注

- 为了达到目的，要有找到应该解决的问题的发现力。

- 如果问题的主题偏离了目的，你可能会解决一个不应该解决的问题。

- 不知道目的何在，是因为没有把握问题的意图。

- 设定目的后，聚焦对社会、对公司有用的事情。

- 充分理解问题有什么规则，是什么类型的问题，是针对什么的问题。

- 仔细分析过去的强者，充分了解他们是如何获胜的。

- 在掌握了问题及其之前的解决办法的基础上，想出与之不同的、自己独特的方法来解决问题。

- 自己发现问题、转换问题的能力很重要。

第 3 章

别解力：组合自己"独特的""优越的""不同的"的做法

🧠 创业家思维的核心——别解力

一旦你确定了一个问题，就该进入解决问题的阶段，这就涉及本书的核心内容别解力了。图 3-1 显示了别解力在创业家思维的 5 种能力中的定位。

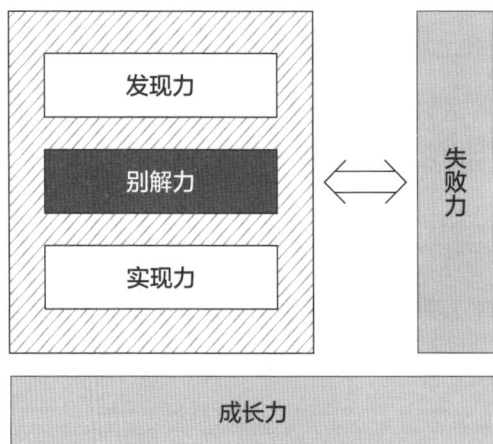

图 3-1　别解力的定位

在本章中，我们将详细解释别解力以及发现别解的具体方法。首先，我们将分别看一下构成别解力的 3 个要素："自己独特的做法""优越的做法"和"不同的做法"。然后我将告诉你为什么只是结合其中两种做法，是不会得到好结果的。为什么只有当三者结合时，才能成为一个独立的解决方案。然后，我将向你展示为什么提出别解很难以及想出别解的 31 个技巧。这些技巧都是非常简单的技巧，不用想太多，用柔性的思维方式来寻找别解。

在本章的最后，作为别解力的具体案例，我将为大家展示我的次元公司的组织和业务，为大家进行解说。

如第 1 章所述，别解力是"自己发现问题和课题，并利用自己的知识和经验为这些问题找到自己独特的答案的能力"。别解是下面的图 3-2 中描述的 3 种方法重叠而产生的。

🧠 构成别解的 3 种方法

自己独特的做法

我们把反映自己的经验、见识、优势、信仰、价值观等的自己特有的做法定义为"自己独特的做法"。换个说法就是"原创方案"。

"独特性"的含义并不是在自我发现的旅程中可以找到的东西。正如我所说的，这是一种个人风格，它可以通过在任何领域挑战自己，输出自己来找到。这样的"独特性"能

原创方案
反映了自己的经验、见识、优势、信
仰价值观等的自己独特的做法

自己独特的
做法

别解

不同的
做法

优越的
做法

逆转方案
与优等生方案完全相反，无视
自己的优势和价值观等，摆脱
固定观念的做法

优等生方案
（可替换的、过时的）
被社会接受的做法，如更大、更
多、更快、更便宜、更昂贵等

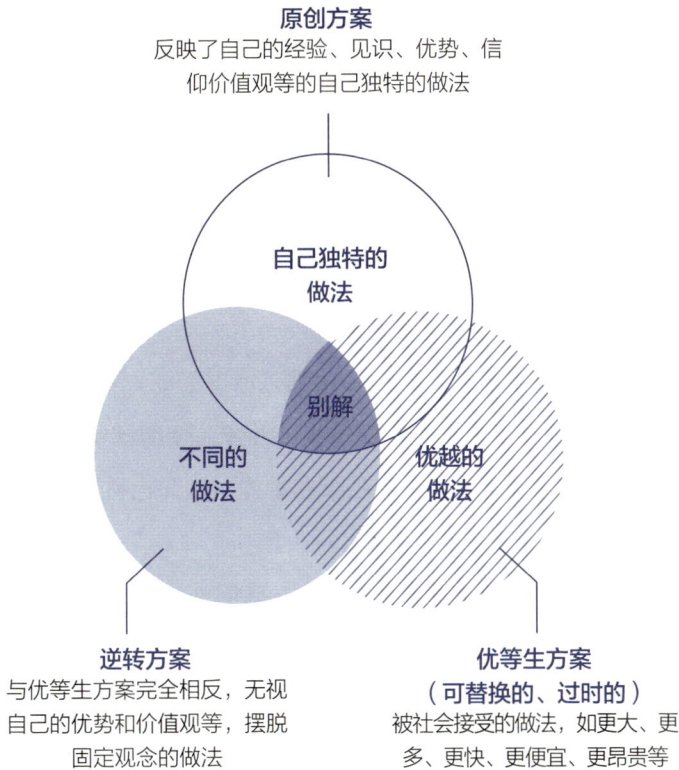

图 3-2　别解是 3 种方法的组合

够使你与其他人区分开来。

　　当你参加一个比赛时，你总会得到一个排名。换句话说，你会得到一个等级或评价。如果你在一次演讲比赛中获得了第一名，至少证明你是参与者中最优秀的，你可以认识到自己的演讲能力相对较高。但是，如果只是小范围内的第一名，你可以尝试在更大的舞台上输出，以获得对自己优势的客观认知。

如果你没有经历过被别人评价，没有获得过客观的结果的话，你就永远无法掌握自己的"独特性"。

比如你去参加一场棒球比赛，你会知道你是否擅长击球、擅长投球，脚步是否够快，是否擅长偷垒，是否擅长防守，等等。

再比如说唱歌，如果你不在别人面前唱歌，你也不会知道自己是否擅长唱歌。哪怕有人告诉你，你的歌唱得很好，你也不能客观地认识到自己唱得有多好，除非你在 KTV 里唱歌，得到一个评价分数。

首先你需要通过在可以输出自己的情况下找到自己的"独特性"，然后通过独特性，建立自己独特的做法。然而，仅凭这一点是不足以使自己与众不同的。

"因为擅长唱歌，就去当歌手。"

"因为跑得快，就去把偷垒技术练到极致。"

即使我们这么想，但可能世界上有无数的人和你有同样的长处和热情。如果你只按自己独特的方式做事，世界上就会出现很多和你给出的答案一样的答案。

因此，你需要把自己独特的做法与其他两种做法结合起来。

优越的做法

我们把"优越的做法"定义为一种被大众所接受的更好的做法，例如"更大、更多、更快、更便宜、更昂贵"。换个说法就是"优等生方案"。

然而，这也暴露出了这种方案具有可被取代、容易过时等消极的特征。

在我参与商业活动的 20 多年中，只有下面的 5 种做法得到了好的评价。

①做得快。
②降低成本。
③取得优异成绩。
④即使没有取得优异成绩，但也做出了超乎常人的量。
⑤做一些新的、没有人做的事情。

做得快；降低了成本；取得了优异的成果；即使没有取得优异的成绩，但也做出了超乎常人的量，这些都是具有代表性的优越做法。然而，由于这是每个人都会做的，所以只能通过相对的比较来进行评估。

事实上，速度、成本、结果和数量都可以通过量化来进行衡量。如果对它们进行定量测量的话，它们的优势会非常明显。然而，可量化带来的消极一面是：由于市场是特定的，会出现很多竞争对手，所以该做法容易过时。

我认为很多人满足于这种优越的做法。

大多数人被教导如何以优越的做法做事，或模仿那些以优越方式做事的人，并试图将这样的做法为自己所用。然而，因为这样的做法并不符合他们的优势或他们所热衷的事情，所以他们很难顺利取得成果。

通过优越的做法取得成果的人，其实也充分发挥了自己的个性和优势。个性和优势不一样的人，是没有办法通过同一种方式取得成功的。

正因如此，才有必要将优越的做法和其他两种做法组合起来。

不同的做法

我们将"不同的做法"定义为：试着去做与"优越的做法"完全相反的，忽视自己的优势和价值的，打破陈规的做法。

换个说法就是"逆转方案"，也就是我前面提到的 5 种得到了好的评价的做法中的"⑤做一些新的、没有人做的事情"。

根据我的经验，与①~④优越的做法相比，"⑤做一些新的、没有人做的事情"更能得到好评。这可能是因为它与优越的做法不同，不能被量化，所以不能进行相对的评价，给人们带来的冲击也会比较大。

做一些新的、谁都没有做过的事情，只是因为自己做了与众不同的事情，就会获得更高的评价。

当其他人都在努力跳进"对的一方"（优越的做法）而失败的时候，如果一个人跳向"错的一方"，就会被认为只有他一个人能看到未来，会产生更多的差距。这时就会产生一种错觉，认为其做法所创造的价值比必要价值要多，而这种差异可能会变成压倒性的差距。

这种不同的做法是别解力的关键。话虽如此，我们没有必要刻意去准备做一些新的事情。不同的做法甚至不需要才华或天赋。

只要结合接下来给大家介绍的"引出别解力的 31 个提示"，就可以轻松地想出不同的做法。

只是两种做法的结合，不足以构成别解

通过到目前为止的讲解，你是否已经初步掌握了这 3 种做法的大概内容？

现在让我们考虑一下这 3 种做法的交叉部分。首先是自己独特的做法和优越的做法的结合。

自己独特的做法与优越的做法的结合

在这 3 种做法的交叉部分中，首先要寻找自己独特的做法和优越的做法。这意味着以一种优越的做法做你擅长的事情。只有当你想要得到更好的答案或者寻求压倒性的结果时，你才会想要把这两种做法相融合。希望大家以后都可以有意识地去做这一步。

比如我们经常听到的"把喜欢的事情作为工作来做"，但如果仅仅是这样做的话，因为没有优越的做法，所以最终只会变成单纯的自我满足。只有当它与一种优越的做法相结合时，它才会成为一种被外界接受的、令人信服的做法。

如果喜欢唱歌的人，想要通过网络直播来增加粉丝人数的话，这需要与被人欣赏的做法结合起来。

然而，这种独特且优越的做法很快就会被淘汰。

因为即使是将原创方案和优等生方案相融合得出的特别做法，采取同样做法的人也很多，很容易被模仿。

优越的做法和不同的做法的结合

这种优越而不同的做法，作为一种方法手段，已经属于比较高的水平。这是因为它是由一种优越的做法与一种人们不会想到的逆转方案融合而创造出来的，所以它取得成果的可能性会变高。

然而，我认为这种做法不会长久。

这是因为这是一种不能利用你的长处和知识的做法，所以你无法摆脱你正在走下坡路的状态，这会让人无法获得满足感。

因为它不包括你的价值观，不包括你所热衷的元素，所以你很难维持干劲和动力，容易感到厌倦。

这样的结合因为涉及不同的做法，所以它与前面讲的自己独特的、优越的做法相比，更不容易被模仿。但不能否认，仍可能有其他人采取同样的做法。从这个角度看，我认为在可持续性上这个做法也存在不足。

自己独特的做法和不同的做法的结合

这是一种自己独特的、不同于他人的做法；是一种尚未问世的、不切实际的、独创的想法创意。

这是我们都梦寐以求的做法。但我们都有过这样的经历：想出一个想法后，觉得其太过荒谬，立即否定了这个想法。

这种方法是自以为是的，没有普遍性。这会让人陷入自我满足，多数情况下以失败告终。

综合上述，两种做法的结合，不足以构成别解，如图3-3所示。

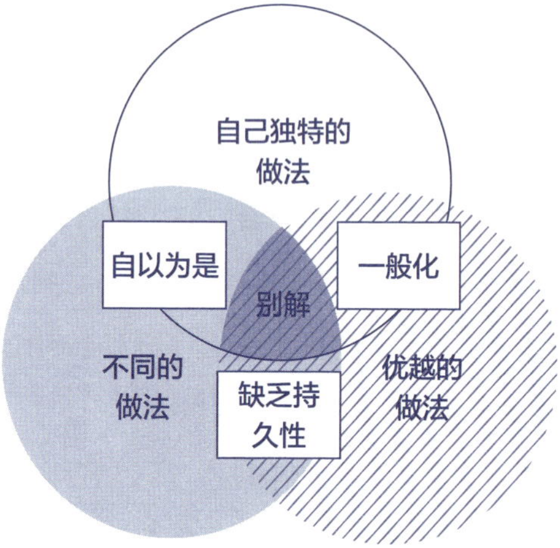

图 3-3　两种做法的结合不足以构成别解

🧠 只有 3 种做法的结合才能创造价值

在商业领域，我觉得有一定数量的人能够进行自己独特的做法和优越的做法的结合。

有许多人研究优越的做法，然后结合自己独特的做法。如果你读过很多商业书籍或参加过商务培训和商务研讨会的话，你应该会有这样的经历。

然而，大多数人只是在寻找优越的做法，而未能将其转化为真正的结果。

关键是要超越别人教给你的优越的做法。创造这样的做法的最后一个线索是不同的做法。

自己独特的做法、优越的做法、不同的做法，这 3 种做法无论缺少哪一种都无法成为获取压倒性成果的别解。

单独使用哪种方式都是没有效果的，将两种方式结合起来并不能让你摆脱"一般化""缺乏持久性""自以为是"的负面影响。

只有当所有这 3 个方法结合起来，才能创造出别解的价值，并取得更好的成果。

特别是把别人不会去做的"不同的做法"融入我们的做法里，是别解力的最大特征。

但是，一旦有人模仿，这个做法就立即不再是一个不同的做法了。

就像在时尚界，一旦流行的事物确定了，就会出现像飒拉公司（ZARA）这样的商业模式，迅速大量生产一种产品，而"不同的做法"并无法长期保证它的与众不同。

如果不同的做法不经常更新的话，就无法通过别解来取得成果。毫无疑问，如果我们每个人都在考虑不同的做法，都在不停地创造不同的做法的话，世界将会不断进化。

别解并不难。只是到目前为止，我们没有想过"别解"。如果你认真思考对待，别解是可以实现的。

🧠 去除别解力的障碍

虽然想做和别人不一样的事，但还是很害怕

那些曾经因为提出过别解而被质疑的人，那些不想成为少数，或者害怕自己与其他人不一样的人，我想应该很难鼓起勇气提出别解。我也多次被质疑，还感受到周围强烈的要求我和大家保持一致的"同调压力"，这些都让我感到难受。

即使在今天这个多样性非常重要的时代，我觉得经济快速增长时期的不良习惯仍然存在，大家还是觉得做那种与其他人相同的事情，做那种具有可操作性的事情，更容易取得成果。

坚持一个与他人不同的主张会非常麻烦，如果你和别人不一样，甚至会被骂，做一些以前没有做过的事情是很难的。这种不良情绪似乎以一种复杂的方式在社会中不断积累。

这就是为什么我想在这本书中传递这样的信息："少数人群会更有利"。

"与大众不同的少数人群，你们应该展示自己的个性，解决与其他人不同的挑战，成为英雄。"

"安居于一隅，与大多数人保持一致的人们，随波逐流很容易，也很安全，但那是不对的。不要以多数为目标，要以少数为目标。"

如果你盲目地听从你父母那一代人告诉你的经验，你只会收到错误的信息。如果我们不加批判地直接相信老板和领

导告诉我们的东西，我们就很可能犯错。我从小就认识到了这一点，这就是为什么我训练自己用自己的头脑进行思考。

当然并不是你的父母或老板的想法都是错的。我想说的是，你不应该盲目地听从别人的意见，而应该自己思考，有所取舍地接受他们的建议。

如果你不持有这种态度，即使你想出了一个别解，也无法实施它。

别解会被认为风险很高，甚至被视为错误

世界是一个复杂的系统，但人们普遍认为，对于其中包含的问题，一般认为只有"正确答案"或"不正确答案"两种选择。他们觉得别解是错误的，因为别解"不是正确答案"。

然而，事实并非如此。

一个别解在一般人看来像一个错误时，它才会是一个机会。如果你推动别解的实施并取得成果，这将是对世界的一种创新。

至少企业家们是这么想的，也是这么做的。然而，与传统的做法相比，别解往往被认为是有风险的。这可能是由于人们过去有做过与常规相反的事情而失败的经验。

举一个极端的例子"反方向不为真"。

"请向前跑。"如果有人让你这样做，而你却向后跑，你

就失败了。别解并不意味着你必须反其道而行之。

"你脑子没事吧？"

"别给我添麻烦。"

如果你经历过这样的被蔑视的经历，那么你可能在面对是否选择正确答案这个问题时，会犹豫不决。

本来别解就伴随着失败。事实上，如果不克服失败，往往就不可能达成别解。

话虽如此，我们也不需要害怕失败。因为我们会在确定了所有失败的地方后，提出一个新的别解，即使我们失败了，我们也验证了这些点的真伪，我们可以把这一切作为自己的经历，去寻求更好的别解。

我们必须打破"其他答案也是正确的"的矛盾

大家都在做同样的事情是一种工作作业，在工作作业中用优秀的方法谋求差别化。这方面的一个典型例子是通过做大量的工作来表明自己努力工作的态度。

如果一天有 10 个预约，持续 20 天，一个月就能达成 200 个预约。考虑到成品率，预计订货的数量，如果想把一个月的订单数增加一倍的话，可以把一天的预约量提高到 20 个，或者把人员增加一倍。这就是被称为正确答案的问题解决方法。

然而，我说的别解是指，哪怕在一个月内没有 200 个预约，也能获得相同或更多的订单。

举个例子，和以往的销售不同，我们可以想出一个让内部销售（即不用与客户面对面沟通的销售方法）和广告部门同时接受订单的方法，并实现这一想法，这就是别解。正常的方法和别解之间，有明显的区别。

如果掌握了工作作业，你"今天"可能会赚钱，但你将无法为"明天""后天"做好准备。如果你只是反复这样做，你就会陷入只会赚取短期收益的循环操作中。

要想获得中长期收益，我们必须把别解变成正确的方法。

身边没有成功的人

在现实中，一般的商业人士身边没有企业家，他们也就没有机会体验企业家是如何用别解取得成果的。

在公司内和业界居于首位的人，也可能是没有使用别解，只是靠他们自己的努力取胜的。这么想来，现实中很少有机会看到人们以别解取胜。

有几个在销售方面取得了成绩的人都写了书，介绍自己的销售方法。他们推荐的销售方法是"推荐销售"。也就是说，如果你能把你最好的东西卖给你面前的顾客，这个顾客就会把你推荐给新的顾客，如此循环往复，无穷无尽。

推荐销售已经有很多人在实践了，所以这不是一个别解。它是通过数量和速度来评价的。在现实中，那是努力工作的终极世界。换句话说，这其实是把运气作为自己的帮手，把正确答案做到极致。在现代社会，能够从完全不同的角度思考问题的人太少了。

然而，虽说这样的人很少，但是能够想出别解的人还是存在的。能够想出别解的人都取得了很好的成绩。而且，只有你相信自己也能想到别解，并采取行动，你才能摆脱现状。

从小就相信别解的效果和冲击力的我，通过别解取得的成功的经验的数量和冲击都比正确答案大，所以通过别解来解决问题的习惯已经在我心里根深蒂固。

热衷于教育的家长和教师对学生寄予厚望，希望他们能够出类拔萃。而满足家长和老师的期望已经成为许多学生的目标。事实上，这些学生也很优秀，能够回应家长和老师的期待。

但是，并不是那些能回应别人期待的优秀的人改变了世界。他们只是有很强的能力在别人手下工作。换句话说，世上有很多人能实行优等生方案，他们都可以被他人替代。

当时我的一些同学在商业领域的表现不如我好，尽管他们的成绩比我好。为什么会这样呢？因为成绩至上主义和社会成就之间没有直接联系。

虽然这么说不好，但是如果你无法忍耐别人叫你"奇怪的人"的话，你可能就无法持续地给出别解。我更愿意尊重那些奇怪的人，因为我认为奇怪的人才是天才。

这就是为什么我也一直保持着自己的风格，不去迎合周围那些认为我很奇怪的人。我相信这样做，才使我取得了今天这样的成果。

我想每个人都遇到过看上去有点奇怪的朋友。你应该珍惜这些朋友。我认识的企业家朋友都是值得尊敬的怪人。企业家只会考虑和周围人不一样的事情，因为和周围人做同样的事情是不可能成功的。在正常人来看，都会觉得企业家很奇怪。

但是，越是奇怪的人其实越有趣，所以我会和他们保持良好的关系。

觉得必须得是具有创造性的点子，这样的误解根深蒂固

别解是一种组合。你不一定要从头开始思考。但大家对创新会有一种强烈的印象，那就是当你试图做一些不寻常的事情时，你必须要有创造性。

我曾经也认为，在我想主意的时候，我必须想出一些大家都会觉得很了不起的东西。但我经常想不出什么好主意，我曾经甚至为自己的能力不足而烦恼。

然而，当我分析其他人提出的想法时，我意识到他们只是改变了方法或组合。创作者、顾问等类似的人的想法似乎

令人眼花缭乱，从可复制性的角度来看，很难有人可以做到和他们一样，因为他们会有种过度意识创新性的倾向。

我从学生时代就开始参加各种商业竞赛，当我赢得比赛时，有人为我欢呼，甚至有观众会为我起立鼓掌，他们为我举行了盛大的庆祝活动。只是从观众的反应来看，我甚至会觉得，在结果公布后大家对我的印象，比公布前提高了几个档次。

没有自己一个人想出过主意的人似乎对有创意的人特别崇拜。然而，一旦你接受了别解的训练，就能分析出如何产生超出想象的创意想法。不仅如此，自己也能自由地产生富有创意的想法。

引出不同做法的 31 个提示

正如之前看到的那样，创建别解的门槛似乎很高。特别是一个人很难马上想出和别人不同的方法。我一开始也很难想出这样的方法，所以走了很多弯路。

在这里，我将给大家介绍我在过去 10 年里精心挑选出的"引出不同做法的 31 个提示"，以帮助大家获得不同的做法。

这 31 个提示大体上可以分为"改变""寻找""思考"3种类型，如果其中任何一种适合你的业务或思维方式，请一定要试一试。

【改变】

提示 1：分解为各种要素，改变其中一部分。

如果是经营公司的话，可以分为业务和组织；如果是看当今的经济社会的话，可以按照 3C（市场、竞争和公司）来进行细分。要素的含义接近于"概论"，我们可以把至今为止都是一个整体的东西，分解成各种框架，并改变其中的一些要素，就可以定义出别解。

提示 2：分解为参数，改变其中一部分。

参数是比要素更小的单位，可以用数字表示，可以按照业务的种类，分解出销售额和收入的关键绩效指标（Key Performance Indicators，简称 KPI，关键绩效指标，定量评估实现目标过程的标准），并改变其中一些参数，你会看到一个新的视角，别解就会出现。

提示 3：改变时间轴。

时间、地点和价格，是商务可以进行改变的 3 个基本要点。例如，如果一家餐厅在早餐时间不营业，可以尝试在早餐时间段开业，或者如果一家餐厅在午餐和晚餐之间有休息时间，可以尝试在下午茶时间开业等。改变时间轴，就可以创造出别解。重要的是改变时间和空间，可以从"100 年前的日本""10 年后的美国"等时间段来考虑。

提示 4：改变地点。

地点可分为住宅区和商业街、市中心和郊外或国内和海外等，也可分为家和办公室、集体住宅和别墅等。改变这些地点，也可以得出别解。

提示 5：改变价格。

不久前就出现了这方面的免费服务，我们可以选择收费还是不收费，收费有贵、略贵、普通、略便宜、便宜等选项，改变价格就会产生别解。最近有像订阅一样的收费方法，我们还可以考虑是选择一次性支付、还是订阅支付；是定额收费，还是按量收费。

此外，最近还出现了被称为先买后付的模型，关于价格有很多可以改变的要素，不同的组合也可以产生别解。

提示 6：改变招揽顾客和销售的渠道。

改变供应商和销售渠道，是一个相当大的商业决定，但这让你有机会思考别解。同时，销售渠道可以在线下销售和线上销售之间来回切换，这样产生别解的可能性也会提高。即使到了数字社会，也不是所有的东西都是数字的，所以改变销售渠道要素可能是一个非常重要的选择。

我经营的次元公司也是一样的，通过彻底探讨是在检索市场领域，还是在应用程序领域或平台领域去争取成果，我们取得了不错的成就。这样的探讨也可以创造出别解。

提示 7：改变登场人物。

这是关于改变客户的问题。我们在客户和企业之间进行转换，客户是家庭主妇，还是学生，是坚持现有的客户群，还是转换到其他层次的客户群，等等，这些做法都有可能产生别解。

提示 8：改变业务形态。

在新冠疫情期间，餐厅大量提供外卖。虽然大多数餐厅都是同时提供堂食和外卖的，但也有只提供外卖，或者只提供商家送餐，或者只在超市或大型购物商场销售的，等等。改变业务形态后，我们能够看到的商机也会不一样，这也创造了别解的可能性。

提示 9：改变比例。

这个世界不是一个非 0 即 1 的世界，在 0 和 1 之间，其实还存在着大量的答案。这适用于各种各样的事情，前文所说的客户群也不是只是主妇，或者只是学生，主妇占 3 成、学生占 7 成也是可行的。客户是不是富裕阶层也不是按照是否拥有超过 1 亿日元[①]的资产来划分的，可以选择拥有 5000 万日元资产或者 3000 万日元资产的"小资阶层"。公司的位置设在市中心还是郊区的问题也是一样，我们可以通过选择距离市中心和郊区都差不多的中间地带，这样做获得两全其美

---

① 1 日元 ≈ 0.05 元人民币。——编者注

的可能性就提高了。通过这样的改变，我们也可以获得别解。

提示10：改变原材料。

这对于采购途径有限的企业来说尤其如此，关注进货这件事本身就可以成为我们的竞争优势，我们就可以获得别解。如果是饮食店的话，如果你过去采购的是"还可以的高级肉"，现在改为采购"A5级品牌和牛"，产生别解的可能性也会很高。

【寻找】

提示11：找到人们即使花钱也想要的东西。

我们在进行物品交换时，基本上都要付钱。在此基础上，可以思考"这个东西是人们即使花钱也想要的东西，还是不用花钱的话才会想要的东西"这个问题。这在考虑商务活动时是非常重要的一点。

例如你问客户："你想要这个商品吗？"他们会说"想要。"但如果你问他们："无论付多少钱都要买这个商品吗？"他们可能就会含糊其词。我们可以思考，这个东西是不是人们即使花钱也想要的东西，在思考别解时，这是一个重要因素。

提示12：寻找不需要的东西。

对于不需要的东西有各种各样的看法，但是对于刚起步的企业和风险企业来说，削减不需要的东西是很重要的。相反，如果有一些你不需要的外部事物，即使我们有办法得到它，我们还是需要考虑削减。寻找你不需要的东西，也能产生别解的线索。

提示 13：寻找强的部分和弱的部分。

即使是再好的方案也会有薄弱的地方。即使你的竞争对手很强大，他也会有弱点。

例如，社交游戏是一个发展迅速的行业，一些行业内的公司获得了数百亿日元的利润。另一方面，这种增长可能不会持续很久。我们不应该被一时的高利润所迷惑，而应该去考虑能够获得稳定利润的机制。

对于强的部分和弱的部分的认识是组合产生别解时非常重要的要点。这是因为如果有太多的薄弱环节，作为一个方案就不能成立。只用强势的部分来制订方案的话，就可以做出一个强有力的方案。

我们在设计方案时，需要确认强的部分是否占了大半，弱的部分是否已经不会成为弱点。

提示 14：寻找特定领域的有价值的事物。

专卖店就属于这一类，需求看起来可能不大，但其背后存在非常大的业绩。在日本点心行业，出现了马卡龙专卖店、巧克力专卖店，最近又出现了黄油点心专卖店。通过某一特定领域，集中销售该领域的商品来创造价值。这样的形态变化，也可能会产生别解。

提示 15：寻找时间机器。

时间机器指的是把在一个国家流行的东西，放到另一个国家去开展等，是具有可扩展性的事物。软银集团的孙正义经常使用时间机器销售法。近年来，在中国流行的东西传到了日本，在日本流行的东西传到了亚洲，而在亚洲流行的东西传到了欧洲和美洲，甚至还传到了非洲。虽然也存在不经过中途阶段，就一下子爆发性地传播的"蛙跳模型（Leap frogging model）现象"，但我认为时间机器销售法仍然有效。我们将其作为变量导入，也是思考别解的契机。

提示 16：不是寻找常量，而是寻找变量。

常量基本上是不变的，所以寻找会变化的变量很重要。什么是可以改变的，我们必须时刻从这个视角出发来看问题。

通过将成本划分为固定成本和可变成本，在 KPI 中分析什么事物和什么事物是联动的变量的关系，也可以得到别解。重要的是要找到可以改变的变量，然后去重点关注可以改变的变量。

提示 17：寻找法律的变化。

法律变更是业务重置的好时机，所以需要关注法律变更的信息。特别是在最近几年，许多领域的法律发生变动的可能性越来越大。通过确认其内容并考虑对策，可以打开别解之路。

提示 18：寻找新技术。

和寻找法律变化一样，现代社会每天都会出现新的技术。观察所有的新技术，并考虑你是否可以利用它，也可以产生别解。

提示 19：寻找超过临界点才会有价值，或者在特定情况下才会有价值的事物。

这里说的临界点是指，登上排行榜或跨越鸿沟①（向客户渗透新服务应该跨越的障碍）。在许多排行榜中，进入前 10 名往往是没有意义的，进入前 3 名才会有价值，如搜索引擎和大众点评中出现的搜索结果就是这样的例子。

无论是排名还是检索数，比起第 5 名，第 1 名的点击率更高，这是人的不同心理导致的。你可以通过寻找那些开始超过临界点就会升值的东西，来接近别解。

提示 20：寻找能产生复利的东西。

你不可能通过加法，一点点地增加来取得好的成果。在商务中，存在可以把加法变为乘法的关键点，只要找到那个点，它就会引导你找到别解。如我把次元公司所赚取的利润投入企业并购中，这些钱和经验就不会被搁置，它们会产生复利，并被不断扩大和再生产。

提示 21：找到可以在生命周期总价值上竞争的东西。

生命周期总价值是指可以积累的价值。在商业中，能持续不断地提供价值是至关重要的。许多人开始意识到复利和

---

① 跨越鸿沟指鸿沟理论（Chasm theory）中，跨越了向客户渗透新服务应该跨越的障碍。——译者注

生命周期总价值，使得二者也开始转变为一种优越的做法，但它仍然是一种可以产出别解的方案。

技巧 22：寻找负面要素少的事物。

在经营企业时，你所做的一切都有成本。因此，"成本低有点奇怪的东西"是别解的关键。如果成本低，你可以同时尝试几个商品，这就有了更多的可能性。

如有一个成本为 10 日元的方案，做 10 个，就要花费 100 日元的成本；但如果是一个成本只要 5 日元的方案，做 10 个，最终只会花费 50 日元的成本。如果我们花费 100 日元的成本的话，就可以做出 20 个方案。

这样就能够做出各种各样的方案，这些成本低、负面要素低的东西组合起来的方案是有效的。

【思考】

提示 23：朝相反方向思考（非 A）。

想一想在大多数人的反向是什么。如果大多数人说的是 A，那就考虑 B，并在那里寻找别解。

如果某样东西的颜色是黑色的，把它变成白色可以出售吗？如果某样东西会发出声音，如果消除了这个声音，能不能销售得更好？这类似于二进制的零和一。

当我们思考黑或白的反面时，是会想到白和黑，还是无色呢？这个思考里既有颜色轴，也有语言轴。在思考对立面时，找到这些轴也是一个要点。

世界上并非所有东西都是二元论的，但从二元论的角度来思考问题会更容易找到答案。

提示 24：用规模不同的东西来思考问题 = 相似性。

从自己经历过的事情和知道的东西中，用相似但规模不同的东西来进行思考。例如，在考虑公司的事情的时候，可以把公司看作一所学校或一个国家，通过从不同规模的角度来思考，就可以找到新的想法。我是把公司当作一个国家来经营的，所以我一边参考如何建立国家这一点，一边建立事业和组织。

提示 25：从哲学角度思考。

组织是什么、事业是什么、活着是什么等，经常考虑"……是什么"这样的哲学问题，从没有经历过的事情中也能类推。它是用来做什么的，是为谁做的？一边想象着目的，一边想着人，就能找到不同答案的可能性。

提示 26：用假设法思考。

经常用假设法来考虑"如果是……的话"，可以开阔我们的视野。比如服务或产品提供者如果站在客户的立场上会怎么想，或者公司员工如果是首席执行官会怎么想。如果你养成了从别人的立场思考问题的习惯，思考新方案的视角就会得到提升。

技巧 27：思考未来会发生什么。

思考国家的未来，预测人口、社会、家庭、个人、法人等各种各样的人和东西的未来，这样可以让你有更广阔的视野，更高的视点。在考虑别解组合时，这应该会对你有所帮助。

提示 28：思考人们可能不喜欢的事物。

很多人不喜欢的事物里，一定有隐藏的需求。这是因为人们会为他们不想做某件事而付费，所以才会有外包的需求。如果你从更广泛的社会系统的角度来思考这个问题，你还可以获得一个别解。

提示 29：把点子结合起来思考。

这里的结合，就是把所有的东西都放进去。与之相反的概念"专门化"是指二者不能并存的状态，也就是有一种必须二者择其一的做法和一种把点子全部结合起来的做法。这一点以化妆品为例来说明会比较容易理解，如果一个化妆品将所有功效都包含在内的话，会让人感到实惠。特别是成本越低的东西，越容易结合起来，也越容易让人们行动起来。

提示 30：更新旧的概念来思考。

据说日本动画导演新海诚从《万叶集》和日本的和歌中获得灵感，创作了《天气之子》和《你的名字》。他想知道，如果在只能通过文书进行交流的时代，突然有了智能手机，世界会变成什么样。思考如果把过去发生的事情、过去写的东西等放到现代会怎么样，这么思考使答案的选项扩大了。

提示 31：思考还能不能用到其他事物上。

将电动汽车的电池应用于家庭，将餐饮店利用的"业务用超市"面向个人开放，这些举措带来的盛况，其实是将商品用在了与原来不同的使用方式上。思考有没有其他的使用方法，能不能用在其他事物上，也是想出别解的一个有效途径。

🧠 如何面对事物消极的一面是别解的关键

思考别解类似于做与一般正确答案相反的事情。如果你选择了某种东西或选择了某种立场，总会有其消极的一面，因为你没有选择的东西或立场也会有积极的一面。准备一个别解作为补充，是个很好的办法。

"如何面对事物消极的一面"是别解的关键。

如果你成为一个以优越方式做事的优等生，那就变成了一个速度比赛，只有顶尖的人才能获胜。而让任何人都能取得第一名的做法是别解力。这种组合在补充了事物消极的一面的同时，把其变成了除你之外没有人能够想到的方案。

其实，并没有什么方法可以说是完全正面的。这也是为什么我们必须结合那些能够填补负面的做法来做事。

上文 31 条提示是我在这十几年来所做的事情中精心提炼的结果。任何人都可以通过这些提示，想出别解。每个时代，每个时间点都存在别解。如果出现了新的平台和新的技术，你可以利用它们找到新的别解。

一个别解可能不是一个大项目。但如果每次去认真思考的话，每个人都能使用别解。如果我们每个人都可以使用别解，就可以发掘出被埋没在各个行业中的有用事物，这能改变世界，使其成为一个与今天不同的、更广阔的世界。

持续思考与他人不同的东西，是一件非常有价值的事。别解是一种组合，我们可以无限地制造别解。而且作为额外的奖励，我们可以一边享受一边做，所以没有尽头。

打造上市公司的别解力

别解是一个组合，通过组合其他元素，就可以产生别解。创新就诞生于这样的过程中。

用次元公司的案例来解释产生别解的实际过程，可能会更容易理解。

我们先从发现问题的过程说起。

我把"生活机会的最大化"作为一个主要目标。因为我想改变"机会不平等"的现状。为了实现这一目标，我设定了"公司在我30岁之前上市"的目标。因为我想通过上市来调整公司所处的商业环境，为实现我的目标提供基础。

然而，有一个问题，就是现阶段我们无法越过3亿日元的销售额和30名员工的障碍。

我调查了过去上市企业的规模，虽然没有明确的规则，但企业上市应该是需要将销售额增长到10亿日元以上，营业利润至少达到3亿日元。

即使努力追赶早先上市的企业的业绩，我们也需要在季度决算中继续保持销售额和利润的增长。这样的话，我们得出了最好在上市之前就有一个解决这些问题的商业环境的假设。

预测未来，不随波逐流

当时我们周围有 2007 年左右开始出现的梦宝谷公司（Mobage）。当时人们用的还是翻盖手机，人们预测，在从翻盖手机发展到智能手机的趋势中，社交游戏将会流行起来。

许多企业家都想要跟上这一潮流。

"现在是社交游戏的时代。"

"现在是移动时代。"

当时，每个人都认为"移动"乘以"用户氪金"乘以"游戏"对企业家来说是优越的做法。也有一些人在非社交游戏领域创业，但我认为他们是少数。

我认为社交游戏是一种很难机制化的策划型商业，从时间序列来看，我们公司处于中期很难获胜。

然后，我预测了未来会是什么样子。

像万代南梦宫公司和史克威尔·艾尼克斯公司这样拥有知识产权的公司将获胜。其他公司都将在中长期内消失。这个问题大家都预测到了。此外，由于游戏的开发需要投资，我们认为资金问题是新兴企业无法解决的。尽管如此，各大公司蜂拥而至的场景就像"淘金热"。

我推算如果市场规模达到 1000 亿日元，每家公司能赚多少钱。我们甚至试图思考，如果市场规模变得比这更大，该如何扩大规模。但我判断，无论如何努力，我们公司都无法成为一个平台。

确实，成长的市场可能是社交游戏平台，但是最终稳定赚钱的是媒体市场。

此外，我的强项是网络营销，我在瑞可利集团工作时，有过这方面的经验，所以我把公司的前进方向转变成了这个方向。

然后，我根据维恩图（Venn diagram）把 3 种做事的方式放在一起，结果如下所示。

- **自己独特的做法**

【喜欢】对世界上各种各样的事情感兴趣（知识好奇心）。

【讨厌】和其他企业的做法一样。

【擅长（经验）】通过招聘进行网络营销、人事、事业开发、学生风险企业进行营业、组织开发。

【价值观】盈利和利润再投资。

- **优越的做法**

【事业】高收益的媒体事业。

【组织】少数精英。

【营业】以大型企业为中心。

【体制】超大型企业的主流体制（如野村证券、德勤会计师事务所）。

- **不同的做法**

【公司名】平假名^①的公司名。

【域名】将不会消失的市场作为事业域名。

【C×O】从一开始就排除 CEO 以外的 C×O，以减少管理层的不稳定性。

【事业模式】平台对平台。

扔掉客户端的包装（指收集、移动等）。

不做销售和编辑，通过市场营销和工程发展。

【核心技术】集中于匹配技术转换。

用成果报酬弥补品牌知名度。

放弃认知度，不做电视广告，只做数字营销。

高利润率，不需要筹措资金。

选择和集中的反面，同时扩大领域来提高防御力。

【资产负债表活用法】并购，大部分上市公司的资金不多，超越次元公司的企业家集团，创造多种业务的人力资源。

【组织 × 多样性】文化联合体、支撑各种各样的行业的多样性组织。

比起是否优秀，更重要的是是否值得信赖。

如果画成图的话，如图 3-4 所示。

---

① 平假名是日语使用的一种表音文字，除一两个平假名之外，均由汉字的草书演化而来。——编者注

业务

自己独特的做法
网络营销、盈利、不想和
其他企业一样，对世界上
各种各样的事情的兴趣

生命
媒体
平台

不同的做法
不是终端事业
而是平台对平台
- 不会消失的市场
- 集中于转换
- 拓展领域
- 成果报酬
- 并购

优越的做法
高利润的媒体业务

组织

自己独特的做法
网络营销、盈利、不想和
其他企业一样，对世界上
各种各样的事情的兴趣

企业家
集团

不同的做法
在企业成立之初不
设置C×O岗位
- 文化联合体
- 信赖部下
- 专注于市场、设
  计、工程

优越的做法
专注于市场营销、设计和工程
（德勤会计师事务所、野村证券）
大公司王牌的支持

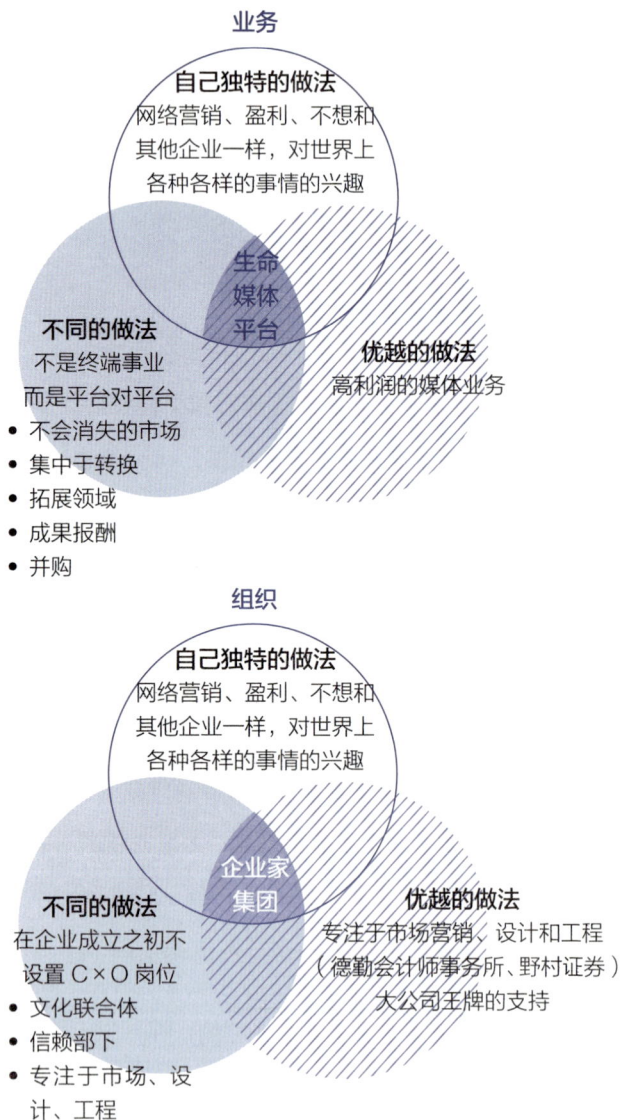

图 3-4 次元公司的别解

如果只想赚取一时的利益，也许真的选择随波逐流比较好，但我觉得不随波逐流是一种不同的做法。

我所做的是一个"不情愿的方案"。然而，尽管我很不情愿，但我取得的成绩却很好，得到了赞赏，这显然是我以不同的做法来解决问题的结果。如果我当时随波逐流，做同样的事情，就不会有今天的成就。

我总结了以下几点经验。

- 选择市场大的地方。
- 在绝对不会消失的市场上决一胜负。
- 不和大公司竞争，而是让大公司成为顾客来提高我们的业绩。
- 不拘泥于市场。
- 建立一个结构，使我们既可以被分包给大公司，又可以不被分包给大公司。

作为别解的结果，将几个网站的信息汇总成一个聚合型业务。当时几乎没有竞争。

我想出的别解是一种单独使用时很弱，但结合使用时很强的做法。如果我只采取自己独特的做法和优越的做法，恐怕次元公司就不能上市了。

🧠 不同的做法

我们选择使用平假名作为我们公司的名称，是因为我们认为我们可以创造一个来自日本的信息技术公司的形象。

本来在世界上，日本的网络企业的存在感就很低，所以我们想做一个起源于日本的互联网公司。但如果我使用片假名 ① 或英语，我想我们公司就没有这样的存在感。

我们周围的企业家也没有做聚合业务的，所以这显然是一个我们可以通过不同的做法获得结果的要点。这是一种让我们能够以一种不需要那么多销售人员或编辑人员就可以向前迈进的形式，因此我们可以专注于营销和技术，并获得更大的利润。

这个别解的弱点是为了取得市场，销售额很低。

为了解决这个问题，我们通过横向扩展到其他行业，如房地产和汽车业，甚至人力资源领域来发展。这样做效率确实不高，但我们能够稳定地扩大我们的业务，可以说把消极因素与积极因素结合起来的别解力是很有用的。

从图 3-5 "次元公司的别解的连锁"可以看出，次元公司不同的做法的数量更多。因为光靠自己独特的做法和优越的做法是不会成功的。尽管我们选择的市场有很好的成功机

---

① 片假名是日文的一种 。——编者注

会，但我们没有足够的份额来取得胜利。我认为不同的做法的压倒性数量优势是次元公司目前作为一个有趣的公司存在的关键。

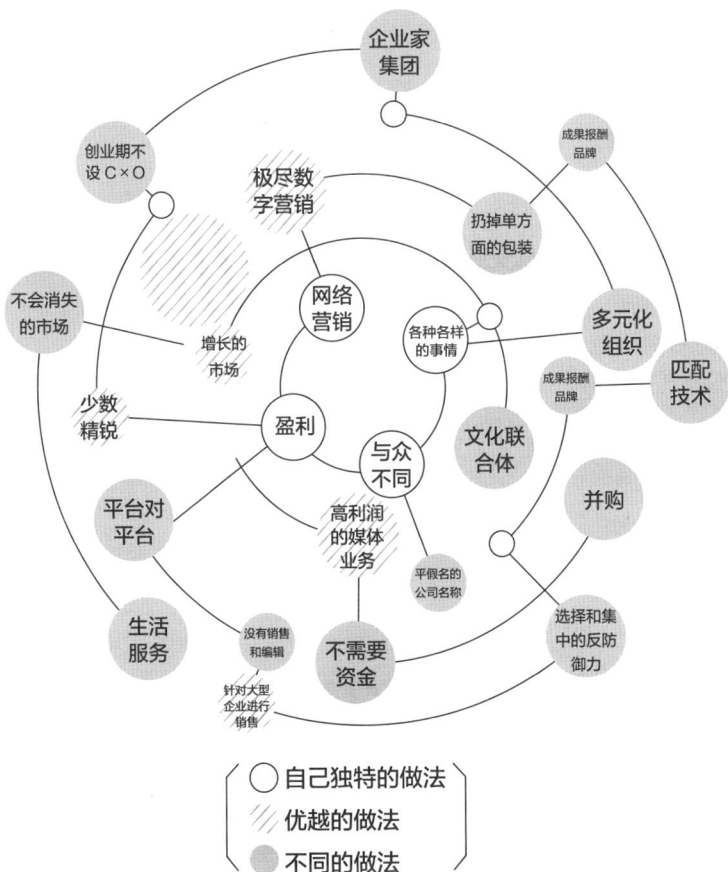

图 3-5　次元公司的别解的连锁

在考虑3种做法的项目时，最困难的是"不同的做法"。然而，只要遵循这样的过程，去除没有效果的东西，留下有效果的东西，增加不足的东西来充实项目的过程，就能够想出"不同的做法"。

一开始想不出来也没关系。首先，以前面提到的31条提示为线索，力求产生一些"不同的做法"，使之超过"优越的做法"。

"自己独特的做法"要从审视你是谁，审视你的喜好、经验、价值观、长处、优势等开始进行思考。

使用别解进入"成熟市场"

想要进入新市场的企业家和商业人士会将目光投向即将增长的市场。事实上，成长中的市场比现有市场的心理阻力小，因为它们有更大的潜力。

然而，一个不断增长的市场是每个人都试图进入的市场，因此，仅凭一个优越的做法就能将市场迅速变成一片红海（激烈的竞争状态）。当然想要在一个不断增长的市场中竞争也是有办法的，但它仍然存在困难。

相比之下，使用别解最令人鼓舞的是，你不需要进入一个不断增长的市场来与他人竞争。我们可以在使用一般的优越的做法的同时，乘以不同的做法和自己独特的做法，这样就可以在实现自我的同时改变世界。

其他的市场，我都毫不犹豫地舍弃了，因为竞争不过对手。通过舍弃这样的市场，我们能够确保高利润率，在上市之前我们也不需要筹集任何资本。通过尽可能地减少外部资本，我们就能够稳定下来，专注于中期增长。

创业期下定决心不设置 C×O 岗位的这一"不同的做法"，也是多亏了别解力。

现实情况是，风险企业在决策上难免会出现分歧，虽然有办法让合适的人选来承担 C×O 职责，推动公司的实力发展，但在创业期让作为首创者的我以自以为是的方式做出尽可能多的决定，会比较简单。

创业期，我们主要招聘可靠的人，而不是高能力的人

创业期，管理层的强有力的领导能力是极其重要的。

我们认为，让值得信赖的同事为我们工作，要比一边看着我们的背影一边努力经营业务的效果更好。

🧠 在庆应 SFC 的 4 年，我学习到了别解力

我怀着创业的强烈意愿选择了 SFC，入学后我马上寻找到了一个目标的榜样。

成为大学生，由于从学习考试中解放出来的反动力，更多的学生倾向于享受他们的自由。也许这就是作为一名大学

生的正确答案。

然而,我已经决定去执行别解了。

我进入大学后,遇到的成年人中,确实是越是优秀的人,他们的见解越多,但我的印象仍然是,他们中自己主动采取行动的人却很少。我不想成为一个只说不做的成年人。在此基础上,我对成为采取行动通过商业改变社会的企业家的憧憬之情变得更加强烈。

我决定尽可能地去接触活跃的商业人士。在遇到许多商业人士后,我意识到"果然,没有行动的大人很多,而那里存在着机会"。

我想通过创业取得成功。我更加坚定了自己的愿望。我甚至开始相信这是我的天职,我在学生时代遇到了许多已经工作的人。

我当时非常兴奋地向我的教授们宣布:"我进入庆应 SFC 是为了开创自己的事业。"

教授们对我非常友好。我很感激他们没有把我想创业的想法扼杀在萌芽状态,而是鼓励我,促进这样的想法生根发芽。

在 SFC,我感到自己每天都在成长。

被优秀的人打败

然而,一开始,我被我在 SFC 的对手们打得落花流水。他们的意识很强,会自我激励,也有领导能力。

他们比我年长，才华横溢，表达能力强，逻辑思维能力强。我当时感到很自卑。他们还想自己创业，其中还有著名的学生商业竞赛的首届冠军。

他们和我都参加了一个关于风险投资的研讨会。在讨论中我一再被驳斥。我们中还有一些人在编程和设计方面有很高的技术能力，我无法与之竞争。

我唯一的优势是，我性格开朗，有很多朋友。我当时每天都非常沮丧和失望，以至于我每天都在想自己如何能够发挥领导作用。

在研讨会上，我们开创一项业务并将其付诸实施。提供想法并被采用的人则担任社长。包括我在内的 6 人，为了拿出好的想法掌握主导权，一直在竞争。

当时如果你说了正确的答案，你就输了。赢与输的区别在于如何准备一个高质量的别解，并以一种更有吸引力的方式展示它。我也提供了别解，但仍然不成熟，不及他们提供的。

最后，他们的优秀创意被采纳，我没能成为社长。然而，我能够从与这些高水平人士的友好竞争经验中学习到很多东西，所以从长远来看，这是一段非常有意义的时光。那时磨砺我的经验和教训对我而言，至今仍是一笔财富。

第二次创业时感受到的干劲的差距

从那时起，我认识到，我必须站在顶端，建立一个坚实的团队。

我作为学生第二次创业时，我是团队的领导者。

然而，与第一次的激烈辩论不同，第二次是以我做出所有决定和决策的方式进行的，从战略规划到实施。这一次产生了一个新的问题。

我和成员之间在干劲上产生了很大的差异。

作为领导者，项目的所有结果和评价自然会回到我这里。我和不用负责任的成员之间不可避免地存在着很大的差异。

这给我们带来了一个问题：在招聘团队成员时，我们应该选择什么样的成员？我开始深入思考，在一个团队中需要什么样的多样性。

如果把他们比作乐队成员就可以很容易理解。

如果是一个合唱组合当然没有问题，但即使聚集了 5 个主唱，并不能成为一个乐队。聚集了 5 个鼓手，可能就会成为一个鼓队了。

有主唱、有吉他手、有键盘手，然后鼓手和贝斯手来支撑主旋律，这才是一个理想的乐队。我当时从这一点学到了应该有目的地招募各种类型的人，让队伍的行为特性和能力保持平衡。

最后，我在大学时创办的企业并没有产生任何改变社会的重大成果。

然而，我当年的努力并没有白费。

当我开始自己的事业时，我已经具备了仅靠自己一个人也能想办法解决问题的强大的精神力。

演讲技巧、吸引听众的能力、领导成员的领导力、与成年人合作的能力、预见性和思考商业计划的能力。

强大的意志力使我的各种能力急剧增长。

要　点

- 别解力是指自己发现问题和课题，对于没有答案的问题活用自己所拥有的知识和经验，找到自己的答案的能力。

- 自己独特的做法是反映自己的经验、知识、强项、热衷的事物以及价值观的做法。

- 优越的做法是更大、更多、更快、更便宜、更贵等社会上认可的好的做法。

- 不同的做法是新的、没人做过的，摆脱固定观念的做法。

- "自己独特的做法""优越的做法""不同的做法"组合，共同构成了别解。

- 通常看起来是错误的做法往往是我们的机会。

- 别解的关键是你如何处理消极的一面。

第4章

实现力：使别解连锁
产生压倒性的成果

当你通过发现力发现问题，通过别解力进入问题的解决过程，你就必须实现别解。如果你做不到这一点，别解就可能变成一个纸上谈兵、荒诞无稽、自以为是的想法。图 4-1 显示了实现力在创业家思维的 5 种能力中的定位。

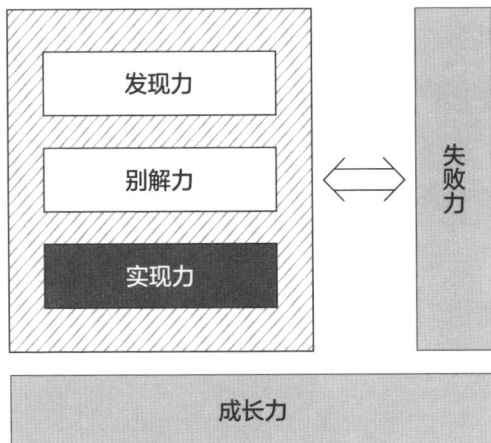

图 4-1　实现力的定位

企业家具有很高的实现力，即把自己的别解变成现实的能力非常高。实现力与发现力、别解力都很重要。

在本章中，我们将讨论提高实现力的具体方法。

别解的实现力的要点是要素的组合和连锁，准确来说是非连续的连续。

正如你在第 3 章中所看到的，每一个要素做起来都不难。把要素相结合，价值就会提高，所以没有必要将实现要素想得很难。

这些要素中的每一点可能并不足以构成一个"1"。你可以通过回收那些永远不够强大的要素，如 0.5 或 0.3，通过更新、连接、组合那些我们过去有过的想法和概念，来创造一个新的"1"。

正如我已经告诉过你的，别解总是伴随失败。比起正确答案，别解失败的概率更高。我们只有做好了失败的心理准备，才能收获很多丰硕的果实。

调整、修改别解时需要的是，如何不消除自己独特的部分，重新组合别解的要素。这里只能告诉大家，它取决于你如何把握平衡。比方说，调整优越的做法和不同的做法的比例或者改变其组合方式。

量变转换为质变

别解力需要的不是"量"，而是高的"质"。

但是，即使从一开始就追求"质"，也不会如你想象的那样提高别解力。举一个比较知名的例子，毕加索在他多产的职业生涯之后，在美术史上留下了自己的风格。历史伟人在追求质之前，已经完成了量的积累。

那么，如何考虑质与量的关系呢。我认为，即使只做大量同样的事情，也不能提高质。追求量时的做法，可以设想以下 3 种模式。

第一种是正比模式，如图 4-2（a）。你做的量越多，就越能按正比转化为质。

第二种是 J 型曲线模式，如图 4-2（b）。开始的时候无论积累多少量都不会转化为质，甚至可能会倒退。等到了一定的水平之后，量开始转化为质，之后质会加速提高。

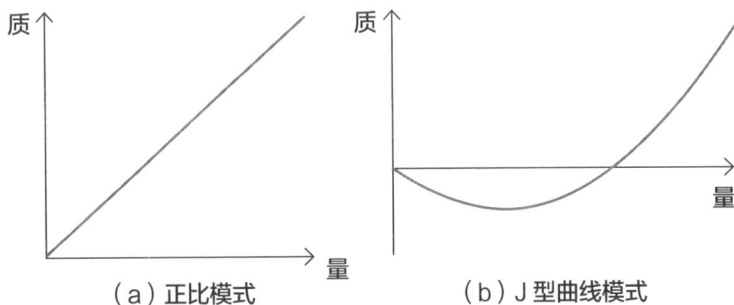

（a）正比模式 （b）J 型曲线模式

图 4-2　量变转换为质变

第三种是通过如图 4-3 所示的四象限的旋转，使量转化为质的模式。

选择这 3 种模式中的哪一种以及如何使用它们，取决于

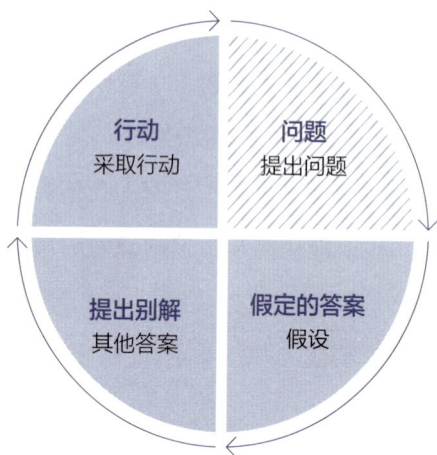

图 4-3　提高别解的质量的 A4 循环

你正在处理的问题种类。那些必须一直身体力行的课题，例如用"$y=ax+b$"这样的公式表示的第一种模式来确保量。设定目标，在超过目标线之前必须拼命地做。当然，目标过低的话就没有意义了，所以也需要合理考虑目标。

在广告宣传等需要提高知名度的课题中，初期需要大量投入。在这种情况下，我们必须接受第二种的 J 型曲线模式。除非你做到让其产生效果，否则会可能在发生质变前就被埋没了。许多人在这个阶段就放弃了，所以要知道如果你不努力到发生质变的分岔点的话，这件事情就没有意义了。

用于实现别解的 A4 循环

在验证假说的课题中，如果不在第三种模式的所有象限中大量尝试的话，就无从得知其中的详细情况。

别解与一般的 PDCA 循环[①]不同，在发现问题后，你需要给出一个暂定的回答（优等生方案）。在提出其他人可能会做的优越的做法的基础上，必须考虑比这更好的解决方案，然后进入"给出别解，就马上行动"的循环。

如果失败了，你就需要从问题上再想一想，把 3 种做法进一步结合起来。即使你取得了成果，自己的别解也会马上被别人模仿，变得不再是别解，所以你必须不断发现新的问题，寻找别解。

通过重复这个循环，不仅能提高别解的质量，还能锻炼自己的发现力、别解力和实现力。

美国新闻记者马尔科姆·格拉德威尔（Malcolm Glad-well）提倡的"一万小时定律"的意思就是，如果你要在某个领域取得成功，最低也需要 1 万个小时的努力。这个法则如今似乎成了无稽之谈，比如工匠即使花 1 万个小时打杂也不能独当一面，量和质的转换必须在很好地理解问题和课题内容的基础上，从质变倒推，充分把握并设计好从量变到质变转换的过程。

---

① PDCA 循环是美国质量管理专家沃特·阿曼德·休哈特（Walter A.Shewhart）首先提出的，由计划（Plan）、执行（Do）、检查（Check）、行动（Act）组成。——译者注

🧠 不要再以 100 分满分为目标

世界不是以自己为中心的，而是由评价你的人组成的。我们应该充分意识到这一点。

对于"被评价"的印象，也不能通过以前的框架来考虑。在第 1 章中提到的在工作中无法取得成果的人的特征中，我列举了"止步于优等生方案"这一点。如果你能摆脱考试和正确答案的框架，你将不可避免地认为 100 分是完美的分数。

但世界并不是满分 100 分的世界，世界是不存在满分的。我们能够获得的评价其实是没有上限的。

如果一个人得了 100 分，就停止了行动、思考和努力，那么他和那些得了 500 分、1000 分的人的差距就会越来越大。因为那些得了 500 分、1000 分的人是以 5000 分、10000 分为目标而行动的，差距是巨大的。

我建议以 10 倍的 100 分为目标。这是因为我相信别解会产出正确答案的 10 倍以上的价值。

没有必要独自给出 1000 分的答案

但是，我们没有必要以自己一个人的力量朝 1000 分努力。如果一个人无法取得 1000 分的话，你可以找 10 个能拿 100 分的人来取得 1000 分。这就是别解。

假设你是营业部的普通员工，直属上司是部门经理。如果评价在 100 分以内，这个评价只能局限在你的直属上司部门经理的评价范围内。

但是，如果做了能得到超过 100 分评价的工作，这就让你有机会直接向科长和科长以上的管理人员，以及销售部门以外的其他部门的科长和管理人员宣传自己。一旦在他们的头脑中留下了你业绩优秀的印象，不久你会成为每个部门争夺的人才，你的分数会进一步上升。

为了提高评价，获得更好的评价，你可以通过更高的得分来缩短你完成的时间。我认为年轻人与其创造 10 次 100 分的成功，还不如瞄准一次 1000 分的大成功，这样你们才能做成你们想做的事情。

取得 1000 分，超越纵向社会

在我 20 多岁时，都是以这种做法为基础的。

取得 1000 分的目的是避免别人说"那家伙是新人""作为年轻人这个成绩还是不错的"。与其拿到 100 分在同龄人中名列前茅，不如拿到 1000 分在包括所有人中名列前茅。如果你得到了 1000 分，你瞬间就会得到尊重。你的前辈们会把对你的称呼从"君"变成了"桑"①，并要求你去指导

---

① 日语中"君"表示对比自己身份低的人的称呼，"桑"表示对自己平辈或者长辈的称呼。这里指身份地位提高了。——译者注

他们。

如果你对 80 分或 90 分感到满意，那你就很难超过你的前辈们。每年都会有毕业生进入企业，前辈后辈的这种纵向社会体制还会继续持续下去。如果想尽情发挥实力的话，就必须走出这个纵向社会。当然，得到 1000 分是极其困难的。因为取得 400 分或 500 分就已经可以成为传说了，所以想得到 1000 分有困难是理所当然的。

但是，在期待值低的时候取得超出预期的成绩，这个可能性还是很高的。如果完成任务不是太难，你就获得了机会。你对照任务实现了多少次？如果绝对评价太严厉，你可以使用相对评价来获得一个低投入高回报的机会。

尤其是不符合现有评价标准的别解，将会被记为相对分数，最后的分数将超过 100 分。

如果你做了别人做不到的事情，就更容易获得高分。也就是说，我们有必要掌握别解力和实现别解的能力。

🧠 以压倒性的领导能力实现别解

对待问题有一种当事人的意识是绝对有必要的。当事人意识需要的不是管理能力而是领导能力。

领导能力需要什么？

我个人的解释是"毫无根据的自信"。正确答案的背后都是有根据的，但是别解是要去往毫无根据的地方。我认为能否将毫无根据的自信转换为当事人意识是很重要的。

毫无根据的自信

毫无根据的自信是从自我效能感[①]中产生的。获得自我效能感的唯一途径是积累成功经验，哪怕是很小的成功。

任何人都可以通过培训掌握管理能力，但是领导能力只能从输出的机会中产生。在利用这些机会时，你必须始终起带头作用，能够在关键时刻帮助你的同事，或者在困难的时候主动站出来，你必须始终处于领导地位。

别解基本上是人们不熟悉的新事物，不理解别解的成员是不会明白这一点的。别解是一个挑战，因为你必须说服并拉动那些只追随"优越的做法"的成员，让他们相信别解的优越性。

"我们这样做吧，因为正确答案会更保险。"

虽然可以预想到会有这样的声音出现，但你必须礼貌地、逐一说服他们。

"那个方案大家都在做，只做那个方案的话，可能赢不了别人。"

---

① 自我效能感指"人们对自身能否利用所拥有的技能去完成某项工作行为的自信程度"，由班杜拉提出。——译者注

"但是说实在的，这个方案更有趣吧！"

"因为这样的理由，它会比正确的答案更成功。"

"你不觉得这个方案会让世界变得更好吗？"

"你会赚到更多的钱，因为你能使自己与众不同。"

"能够取得好的成果，工资就会涨的。"

你不可能独自改变世界，所以你需要让你的成员参与进来。如果你不能说服你的成员参与，你将无法实现别解。

展示别解的可行性

即使你已经说明了别解对未来愿景的影响及其优点，如果你不说清别解是否可行，成员们也不会继续前进。作为一个领导者，除非你能从逻辑上解释别解确实可以实现，否则别解最终只会成为纸上谈兵。

但只是从逻辑上简单地说明的话，半信半疑的成员可能会犹豫。这时，毫无根据的自信也是必要的。自信、热情地告诉成员们别解是一个可能实现的事情。是否具有毫无根据的自信心，其实会成为别解力中是否有强大的领导能力的重要触发因素。

在输出的机会中，作为领导抢先去做，是实现别解的关键。谁都不想去做的时候你去做。如果没有行动力，就无法培养你的领导能力。你越是年轻，越应该多积累一些这样的经验。

虽然这样做难度可能很高，但作为一个领导者，你需要积累小的成功，这样你才能更有自信。

🧠 将成果、业绩转化为自信、信赖、信用

成功完成别解，将增加我们的自我效能感，从毫无根据的自信变成"有根有据的自信"。虽然不能过于自信，但还是应该培养自己的自信。因为，在做未知的新事情时，没有自信的领导是不会有人跟随的。我认为一个人即使很优秀，如果没有自信的话，也无法在输出时取得成功。

取得成果后，信用就会飞跃性地上升。信用增加后，人力、物资、金钱就会随之而来，我们就可以进一步扩大再生产和再投资。

除自信和信用以外，信赖也很重要。

信赖是一种人格，对于那些没有自信和信用的人来说是唯一的武器。一边建立信赖关系，一边和周围的人成为伙伴，创造下一个实绩，你就会变得自信和有信用。这就是我们要做的工作。我们需要尽快把自己一个人做的工作变成让同事都参与进来的工作，否则我们将永远无法达到 1000 分。

当我们取得突破性结果的时候，也不是靠自己一个人的力量完成的。

无论是人脉、关系，还是自己的社交资本（社会网络和

由此产生的信赖），我认为应该充分利用这一切来工作。在没有团队工作的时候，就感觉没有站在成功的起跑线上。即使有了团队，你也需要知道，如果你只能看到你的工作伙伴的话，可能是你还没有很好地利用你的人生。

利用朋友这一无形资产

你所有的和人的联系，都是你的无形资产。无形资产也是扩展别解时的重要要点。朋友的朋友也会成为你的潜在资产。在某些情况下，现在或者过去的客户也可能成为你的潜在资产。

即使他们目前不是你直接的朋友，如果朋友把他们介绍给你，他们也可以算作你的朋友。一旦建立了信用、信赖的交易，顾客就会进入企业经营的价值链（商业活动创造的价值流①），并扩散到价值链的下一个环节。

更重要的是，我们应该去关注客户的有形资产和无形资产。你越能利用这些资产，就越有可能取得成功。

像这样，在扩大业务的同时与再生产相结合，需要自信、信用、信赖。我认为别解是起点，是进行突破所必需的土壤。

---

① 价值流是指从原材料转变为成品，并给它赋予价值的全部活动。——译者注

🧠 继续寻找无限存在的别解

之前提到了别解可以用要素来表示，而要素越多，就会有无限的可能性。

例如，如果从 5 个中选择 2 个，则公式为"$5 \times 4 \div (2 \times 1)$"，也就是会有 10 种选法。从 10 个中选择 3 个的话，就会有 120 种选法；从 20 个中选择 5 个的话，就会有 15504 种选法。也就是说，通过产生大量的要素，可能性会无限增加。

不断寻找别解的动力因人而异，但我认为这是由自卑感和个性决定的。如果别解与你的目标不一致，别解就不会进展顺利。如果没有实现自我和追求自我的欲望，驱动力就会变弱，不会持续很长时间。

别解的维恩图中的圆圈大小也会因企业家的不同而不同。如果是擅长自己独特的做法的企业家，维恩图上面的那个圆会变成很大，擅长优越的做法的企业家右边的那个圆就会变得很大。

虽然圆圈的平衡因人而异，3 个圆圈重叠的地方一定会产生一个别解。

从图 4-4 可以看出，有多少人就能创造出多少种包含个性的别解。毫无个性的问题解决方式，很快会被机器和人工智能取代。

世界正变得越来越复杂，人生也越来越长。

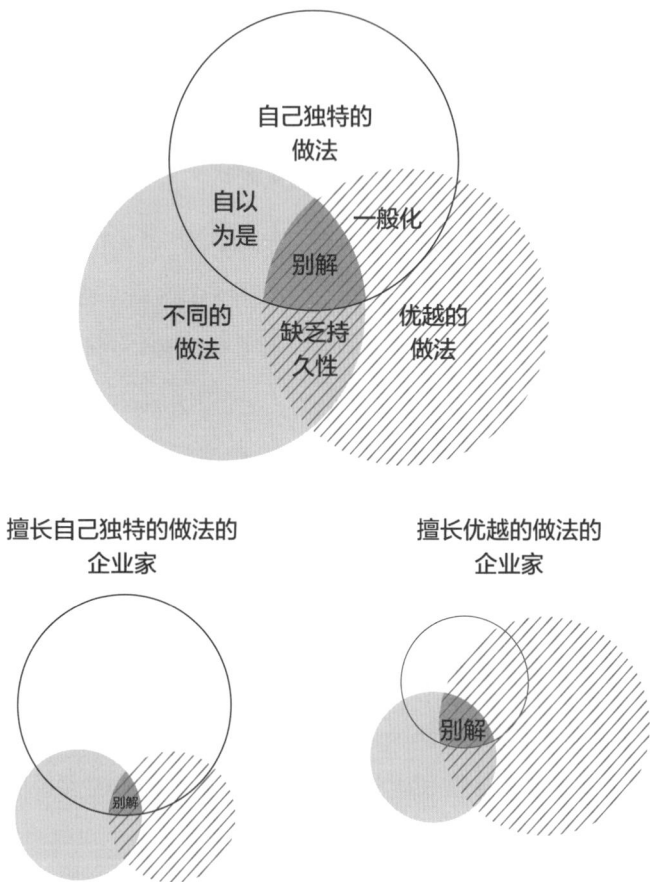

图 4-4　别解因经营者而异

我们可以在这样的世界里讴歌自由，好好面对那些不是满分 100 分也没有上限的复杂现象，同时自己也继续前行。要做到这一点，我们必须仔细观察世界的每一个角落，提高我们的把握能力，提高我们把握"环境、事件等出现的问题"的能力。

找到指向答案的"与他人不同的道路"

当你能自由使用达成别解的 31 条提示时，你的工作就会变得更加愉快。

因为别解把自己独特的做法作为重要支柱，如果能找到和别人不同的做法，并实现它将它升华为成果，我们就可以发现其中的乐趣，对工作的看法也会和现在完全不一样。

我不认为这有多难。现在只是我们还没有接受那样的教育。如果把融合 3 种做法的别解力作为方法论的话，大部分人应该都会熟悉这种做法。

我认为，如果这种做法过时了，别解不再是别解了，那么社会上发生创新的可能性也会提高。通过本书，如果别解力成为解决问题的主要方法论，世界、商务人士以及以创业为目标的人都会得到发展和提高。

至今为止，"自己用不同的方法去做"的人很少。而且仅仅是将自我实现和自我满足强加给别人，很难与解决社会问题联系起来。

本书所传达的思想是以优越的做法为基础，考虑不同的做法。这样的做法并没有偏离与社会的共同理解。即使和别人不同，但不会是别人避之不及的东西。

除我以外的企业家和富有进取精神的商业人士都有自己的别解。但这些别解只是改变了维恩图的大小和形状，3 个构成要素没有变化。因为改变了构成要素的话，就会变得只能提出无法被世界所接受的问题的解决方案。

如果用别解取得了成功，以后你就只会用别解解决问题了

如果别解力被广泛认知的话，越来越多的人会运用别解力来解决问题。也就是说，别解力将成为解决社会问题的"答案发射台"。从这个发射台向世界提供优越的问题解决法，使世界进步。因为每个人的个性都会反映在问题解决上，世界上会有更多更有个性的、多样的解决方案。

重要的是尝试使用别解力解决问题，并取得了成功。有过一次这样的经历是非常重要的。一旦感受到能够取得压倒性成果的别解力所带来的冲击力，用别解力以外的方法就不能再满足你了。

我认为在别解力上不断取得成果的人都是一样的。如果你了解别解力，自然会使用它。而且当你发现给出别解的乐趣的时候，就会变得只想用别解力解决问题了。

我之所以能作为企业家和经营者持续得出结果，无非是因为我一直在运用别解力来解决不同的问题。

在每天的工作中，我想你也已经感受到了前辈们给出的正确答案这种做法已经行不通了。你也有过模仿伟人的成果却失败了的经历吧。

之前已经说过，得到这样的结果是非常正常的。因为我

们要解决的问题不同，去解决问题的人的个性不同，我们手头的资源不同，我们具有的信用和信赖也不同。能通过过去的解法，解决一个现在的问题，反而让人感到奇怪。

你必须自己去创造适合你的解决问题的方法论。这个过程在今天是必要的，我可以很确定地告诉你，别解力是你解决问题的最佳工具。

别解的执行案例

在本章的最后，我来介绍一下次元公司执行的别解。

与日本移动通信网公司合作的"D 工作"：对方的经营课题 × 寻找薄弱的领域。

2017 年，次元公司与日本移动通信网公司在人才领域进行业务合作，共同策划制作了"D 工作"——一个为多样化的、灵活的工作方式提供多种选择的平台。

该平台最大的特征是，它允许用户进行工作检索和应聘，该平台上的兼职工作、临时工作和应聘新工作等岗位都是次元公司提供的数据库。

在合作的过程中，我们起草了几十个我们预测该公司无法单独完成的方案，并从中严格挑选，向日本移动通信网公司提供了我们的方案，最终实现了合作。

打动大型公司的是他们无法做到的事情。新兴企业可以为大型公司提供这些，但如果它提出一个大型公司已经有优势的领域，大型公司就不会感兴趣，也不会有新兴企业进入的余地。我们向大型公司展示的，都是大型公司感兴趣却做不到的领域，而我们公司可以提供支援和帮助。

日本移动通信网公司是一家以手机使用费为轴心的用户收费业务超群的大型公司。以生活服务为中心的广告业还有成长的空间。有那么多的用户服务，本来广告业也应该能做得更大。我们就是通过这样的流程实现了合作。

从对方经营企划部的角度来考虑，从对方管理层的角度去思考即使对方有兴趣也无法单独完成的事情。其实只要采取开放创新的形式就可以做到。寻找那样的业务，提出建议。这就是别解力发挥作用的地方。

这样看来好像我们公司和日本移动通信网公司的合作是理所当然的。这其实可以为新兴企业邀请大型企业合作提供参考。

顺便一提，我们公司现在已经解除了与日本移动通信网公司的合作。"D 工作"由日本移动通信网公司继续运营，而次元公司的"打工 EX"网站作为合作网站被启用。

次元公司的可持续发展＜篮球队 × 京都办事处 × 学生 ×SDGs ＞

这是 2022 年春天开业的次元公司京都办事处面临的一

项挑战。

在此之前，次元公司于 2021 年夏天在日本大分县开设了一个新的办事处，目的是为大分县创造更多就业机会，培养信息技术人才。之后与以大分县所在的九州地区的企业和教育机构合作，为九州地区的振兴做出了贡献。

这一举措纯粹是为了通过商业来解决社会问题，实际上已经产生了效果，半年实现了约 10 人的现场录用。

然后我有了这样的想法，想试一试能否以同样的方式在新拓展的区域实施，构成新的别解，来促进可持续发展。

在大分县办事处实现的过去问题的解决方案，可以和什么方案组合？我们想到的是应届毕业生的录用。京都是日本大学最密集的地区之一。除了东京总部外，在大阪、名古屋、福冈等各地区的据点城市，次元公司都设立了办事处。所有这些地区都有大量的人口，可以作为招募中心发挥作用。

京都虽然有很多有名的大学，如京都大学、同志社大学、立命馆大学等，但次元公司在京都却没有自己的办事处。为了继续录用应届毕业生，我们提出了在京都设立办事处的方案。

然而，这并不足以构成一个别解。

因此，我们将进一步组合另一个元素，那就是加入 3 人制篮球 3×3 的顶级联赛。队伍名为"次元升级程序"，主场设在了京都。

然后,在公司内部成立了项目团队。团队在负责事业计划的制订和运营的同时,在京都办事处创建了一个学生社区,请他们帮助运营。通过向学生开放办事处,我们希望可以鼓励有才华的学生参与到次元公司的工作中来,为因新冠疫情而失去活动场所的学生提供校外的活动场所。

在 2021 年举办的 2020 年东京奥运会上,3×3 篮球对抗赛首次作为正式项目被采纳为官方项目。但由于京都已经有了我们的球队,我们预测不会有新的队伍成立。我们发现"京都办事处"乘以"大学"能够创造很高的价值,所以我们决定冒险进入京都的市场。

我想通过体育振兴实现京都的地域活性化,为运动员提供第二职业支持,和学生一起进行队伍团队运营。我们公司成功开展了与各方面的利益相关者联合举办的可持续的活动。

而"次元升级程序"是次元公司成立以来拥有的第一支职业队伍,公司于 2021 年 6 月庆祝成立 15 周年。公司内部气氛也开始高涨,我们有望成长为一个更有团队意识的企业。

从单一的角度来看参与职业体育,可能只能把它看成企业宣传的一环。

但如果把它看成多个方案组合而成的别解的话,应该是一个非常有趣的倡议。

我觉得别解可能在外人看来就是一个普通的方案。虽然看起来很普通，但其中蕴含着一种战略。这不是我们刚好幸运，而是一个我们精心策划的战略举动。我认为现代社会并不是以数字化为核心的，技术驱动一边倒的形势，即使是传统的举措，通过别解组合而成的方案，也可以产生效果。

进入瑞可利集团时，以别解力一决胜负

大学毕业后，我在瑞可利集团就职。

我虽然立志创业，但又想加入学生时代创立的公司的竞争对手瑞可利集团，因为这家公司满足了我根据自己的个性制定的一些条件。

重要的是，我不希望自己进入一个因为你年轻而歧视你的公司。我理想的入职公司是，只要有能力，我就会得到平等的机会，这是一个绝对条件。

另一个不能让步的条件是，我希望公司可以让我一边实践创造事业，一边获得创造业务的技能，而不是进入一家顾问公司或者金融公司。

在我收到的多个录用通知书中，瑞可利集团的条件最符合我的希望。瑞可利集团愿意把我作为顶级招聘人员录用，尽管瑞可利集团还有很多能力很强的前辈。瑞可利集团不仅可以让我成长，还有很多这样的优势。

从结果来看，如果不在瑞可利集团就职的话，我的创业也会失败。我想我是幸运的，因为我学到了很多东西，尽管是一家大公司，但瑞可利集团并没有把年轻的创业者扼杀在摇篮里。

以创业者的身份进入瑞可利集团

在大学第四年，我患上了"找工作忧郁症"。

虽然我的求职过程非常顺利，但我对自己是否能继续为公司工作产生了怀疑。我在获得庆应义塾大学首届学生企业家锦标赛的优秀奖后，第二次以学生身份开始创业，该比赛为获奖者提供 300 万日元的奖金。然而，我是在得到瑞可利集团的工作机会后才开始创业的。

我也不能对瑞可利公司保密，所以我尽可能地充分利用别解。

通常的正确答案是，要么选择停止创业，进入瑞可利集团工作；要么拒绝瑞可利集团，自己创业。但是我的别解是创业后进入瑞可利集团。当然，这必须得到瑞可利集团的同意。

虽然不是为了这个而做的，但是我收到瑞可利集团的录用通知之后，就去拜访了校友。于是，我有了一条通往瑞可利集团我最想去的岗位的道路。如果拜托我的这些校友的话，至少我可以得到一次谈判的机会。

还有就是我知道瑞可利公司有无论如何都想让我进公司

的想法。因为他们想要像我这样积极参加学生创业的学生。除了我以外，学生团体的代表也拿到了录用通知。

另外，因为我也参与了学生团队，我有很广泛的关系网，这也是瑞可利公司想要让我加入的原因。我进入瑞可利集团后，他们就可以让我介绍优秀的学生加入。我想公司也有这样的打算。

2005 年，当时的瑞可利集团正想把重心转移到网络商务上。虽然智能手机还没有出现，但是互联网行业正在兴起。

尽管如此，纸质媒体仍然是业务的核心。

因此，有必要录用"下一代信息技术新人才"这样的学生。我也是其中之一，从这个意义上来说，我认为谈判是可行的。

原本，作为让我决定进入瑞可利集团的条件之一就是，让我去他们的网络营销部门工作。那里是每年只分配一名应届毕业生去的部门，面试的时候我说如果没法被分配到那里，我就不会进入你们公司。就是在这样的条件中，我成功追加了允许我创业的条件。

我不能让和后辈一起运营的公司倒闭。我也必须保证自己在创业，否则我不会进入该公司。这个问题谈了好几次才得到批准。但是现在回想起来，我很感谢接受了我无理请求的瑞可利集团。

入职瑞可利公司时的别解

用别解的维恩图说明这个情况的话，就像图 4-5 一样。

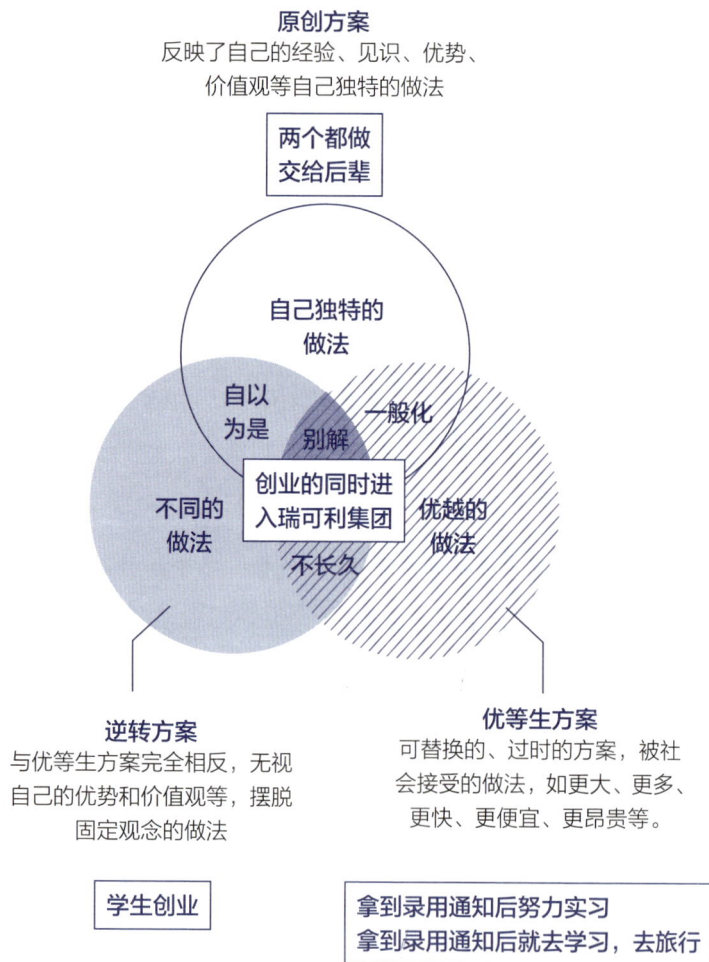

原创方案
反映了自己的经验、见识、优势、
价值观等自己独特的做法

两个都做
交给后辈

自己独特的
做法

自以
为是   一般化
       别解
不同的
做法   创业的同时进
       入瑞可利集团   优越的
不长久   做法

逆转方案
与优等生方案完全相反，无视
自己的优势和价值观等，摆脱
固定观念的做法

优等生方案
可替换的、过时的方案，被社
会接受的做法，如更大、更多、
更快、更便宜、更昂贵等。

学生创业

拿到录用通知后努力实习
拿到录用通知后就去学习，去旅行

图 4-5　入职瑞可利集团时的别解

优越的做法是，像其他被录用者做的那样，作为瑞可利集团的实习生开始工作，或者去学习或旅行，这是只有学生才能做的。

自己独特的做法反映了我的个性，我喜欢同时做与众人所做的不同的事情。我把我创立的风险企业的经营交给后辈，不当社长了。

不同的做法是边创业边入职一家公司。虽然在初高中一体校时并不努力，但是我进入 SFC 后的努力，得到了认可。在小组讨论中我得到了赞赏。从这个方面上来说，创业让我感到安心。

要　点

- 发现新的问题，并不断寻找别解。

- 世界不是满分 100 分，成绩没有上限。

- 在期望值较低的情况下，争取获得超过预期的分数。

- 领导能力所需要的是毫无根据的自信。

- 如果不明确让成员信服别解可以实现，成员就不会行动。

- 信赖是一种人格，对于没有自信和信用的人来说是唯一的武器。

- 着眼于顾客的有形资产和无形资产。

- 如果没有自我实现和自我追求的目标，就会因为动力变弱而无法继续。

- 重要的是要尝试一次通过别解来解决问题，并取得成功。

- 别解在外部的人看来就像一个普通的方案。

第5章

失败力：利用挫折和
失败来获得成功

👤 通过失败获得成功的失败力

本书写到这里，我已经为大家介绍了发现力、别解力以及实现力。这三种能力的提高，也可以综合性地提高别解力。然而，有一点是不能依靠这三种能力来弥补的。

那就是，别解会失败这一点。

即使缜密地设计好了一个别解，也会发生失败。

如果失败一定会发生的话，我们就必须从失败中学习，把学到的东西反映在上面提到的三种能力上，并构建一个良性循环，进一步增强三种能力。

这就是"失败力"。

如果不掌握失败力，如果没有从失败中学习的能力，作为一个商人或一个企业家，你就很难取得成功。失败力是一种我们都知道应该提高，却不知该如何提高的能力。在本章中，我们来看一看如何提高失败力。图 5-1 显示了失败力在创业家思维的 5 种能力中的定位。

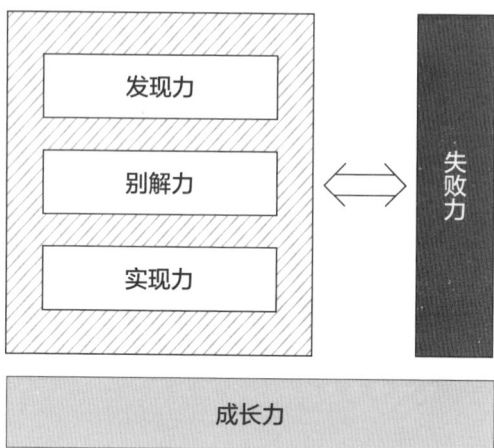

图 5-1 失败力的定位

在你真正失败之前，预演一下失败

失败和成功就如同一辆车的两个齿轮。

失败虽然是一个很好的学习机会，但它并不能建立信心和信任。成功则可以让我们获得信心和别人对我们的信任，让我们不断前行。失败的时候我们在原地踏步，成功的时候我们在前行。如图 5-2 所示，成功和失败都是一辆车必要的两个轮子。

我一直在告诉大家要"假想失败"，要"假设我们已经失败了"。

一般在开始着手做某件事之前，我们经常会思考成功的模式，或者如果我们成功了，我们接下来会做什么。但是在

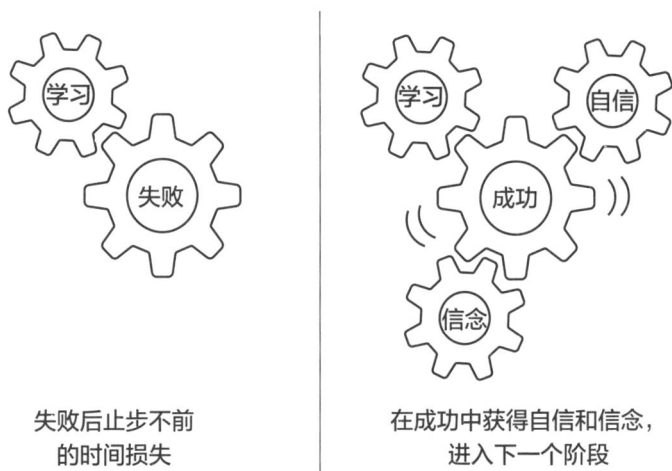

失败后止步不前
的时间损失

在成功中获得自信和信念，
进入下一个阶段

图 5-2　失败和成功

想象成功的同时，我们对于失败的联想也会不断膨胀，如不要悲观，冷静下来，好好思考一下怎么做可能会失败，向哪个方向前进，会有什么样的失败。

这与在实际发生后再去思考失败的想法截然不同。在执行别解时，设想会有怎样的失败，失败的时候会有怎样的影响，失败了会给我们造成多大的伤害，怎样才能避免失败等，我们可以根据自己的情况事先列举出来。

我有这样的真实体验，不管是不是别解，都会发生失败，而且想要从失败中再次站起来真的很难。

如果在现实的商业活动中失败了的话，要重新回到正轨并不那么容易。

因为从"跑着的状态"变成了"摔倒的状态"，所以靠自己的力量站起来需要相当大的力量。

在某些情况下，你跌倒时可能会受伤。

如果你受伤了，在你的伤口愈合之前，你可能无法继续前进。

这就是为什么我们最好避免那些可以避免的错误。为此，尽可能地想出可能发生的失败，是我们应该下功夫的地方。

因为即使我们做到了这一步，也还是会发生失败。

因失败而停滞不前是在浪费时间

作为一个企业家，我的生意中涉及很多员工和利益相关者。他们与我分享他们在生活中积累的资源，而我则接受挑战，解决更大的问题，这是我独自一人永远无法完成的。

在这种情况下，因失败而停滞不前的时间是一种巨大的浪费。包括利益相关者的家人在内，很多人都会受到失败的影响，对所有人来说这都是巨大的损失。

成功了，你的自信会得到提升，他人对你的信任也会增加，会让你有更多致力于更大的、完全不同的事情的机会。错过那个机会对所有相关人员来说都是巨大的损失。

失败其实也是失去机会。

有太多人没有把这一点记在心里。

失败不应该被任何人责备。正因如此，必须自己从失败中学习。事实上，除了学习以外，从失败中得不到任何其他的收获。这种心态对每个人来说是绝对必要的。

制作一份失败清单，每天更新

我会制作一份失败清单。

在我失败之前，我根据我制作的清单避免失败，如果发生的失败不在列表中的话，我就增加一个失败条目。通过事先预期的失败和实际的失败来充实失败清单，逐渐失败清单就会变得能够涵盖项目的所有方面。

我虽然不喜欢失败，但如果要说出失败的好的一面的话，那就是它有再现性。

成功的再现性很低，但是如果重复做失败时做的事，基本上都会以失败告终。

另外，你可以从失败中学到很多东西。即使我们听了成功者夸夸其谈的故事，说实话几乎也学不到什么。

通过制作失败清单，充实其内容，你可以客观地认识到怎么做会失败，这就给了你避免失败的力量。

虽说可以从失败中学到很多，但我不认为失败也没有关系。

我认为，比起失败，早点积累成功的经验，会成长得更快。与其在失败时感到沮丧，不如保持正常心态，把失败看作一件普通的事情。做一件事失败了就将其加入失败清单，下次尽量避免它。我觉得做到这一点很重要。

🧠 不害怕失败，看到风险和回报的平衡

我不喜欢失败，但我也不害怕失败。

这是因为我看的是风险和回报。是因为别解的回报超过了风险，我才会去做的。

世界上不存在零风险高回报的事情，我们所追求的目标应该是低风险中回报或中风险高回报。

即使是中等风险，也应该尽量减少或避免风险。

当然这不意味着，去做明知会失败的事就是别解。这就是为什么将风险小的"优越的做法"和有一定风险的"不同的做法"组合起来很重要。

我看到许多企业家没有充分理解别解力，只是一味地采取不同的做法，结果走向了失败。我们必须准确估计风险和失败。

确定可接受的风险的底线

问题是，多大程度的风险是我们能够容忍的。

我认为这一点比回报更容易理解。在企业经营中，债务可以是一种风险，但也可以是杠杆（杠杆原理）。如果利率低的话，尽可能多地借钱可以使杠杆作用最大化。

但是，如果你做得太多，会削弱你对极端变化的抵抗力。面对风险的正确方法不是极端地回避它，而是准确地估计它，然后在必要时去接受它，这才是正确的应对方法。

如果你不能让风险成为我们的伙伴，你就不要指望会有高回报。这就是为什么通常我们需要先考虑风险。

在此基础上，你应该根据自己和团队成员的感觉来确定"走到什么程度会有危险"的底线。在底线之前，承受多少风险、避免多少风险、想要多少回报，取决于个人或团队的判断。

现在，社会上盛行失败论。

从内容来看，我觉得"边做边想""犯了小错误后再思考"的想法有一种日益增长的趋势。我对这种思维方式有一种危机感。

如果你带着这种心态去做生意，你将永远不会成功。

那是因为它会让人觉得"失败也可以"。

如果在没有任何准备的状态下失败，你将无法在下一场比赛中出场。

不要误解了我的意思，我之前确实说了"犯小错误是可以的"。但这句话的意思是，你必须准备好以小失败来结束这次挑战。

🧠 在成功时寻找失败

话虽如此，我也听说很多人无法承认失败。

这可能是因为他们的自尊心太强了，或者是他们根本就没有注意到自己失败了。

我们把失败想成是一种机会损失的话，那么即使在成功的时候，我们也会不断地验证我们是不是也有失败的地方。

目前，次元公司的业绩顺利地保持着增长，而次元公司的股价收益率是 1500% 左右（2022 年 1 月）。

另一方面，虽然业绩与次元公司没有明显的区别，但一些走在时代前列的软件服务企业的股价收益率有达到 10000% 的。这样考虑的话，作为由股东进行评价的上市公司，软件服务公司被视为目前做得比较好的上市公司。我会把这个标准看成是次元公司的一种失败。

重要的是一种态度，一种在没有失败的时候，去考虑我们可能会失败的态度。我们必须时刻觉得现在是一种机会损失，如果不这样想的话，我们就会失去想出更好的别解的动力。

在许多情况下，虽然我们为获得高分而高兴，但实际上我们已经陷入了失败，之后也不会再获得成长。人生是漫长的，在复杂的社会情况下，思考如何生存很重要。

一开始就向周围的人宣布自己会成功

自尊心强，绝对不是坏事。

自尊心强的人自我效力感高、自我肯定感强，而且大多是非常优秀的人。但他们不可避免地坚守着优越的做法。优越的做法很快就会变成"红海"①，所以我认为如果我们有更多的人才能够提高自身的别解力，去开拓"蓝海"，世界会变得更好。

这就是为什么我们应该有一种承认失败的心态。

避免找借口的捷径是，从一开始就宣布你的成功。

在宣布成功之后，去鼓励你的伙伴们，领导他们一起来做。就好像是从伙伴们那里提前透支了信用一样，只借不还就会失去信用。你必须拿出你宣布的成果，不能辜负大家的期望。

置身于这样的状况，你会意识到，如果你能承认失败，从错误中学习，并利用它们向前迈进，你会成长得更多。这就是珍惜同伴，实现目标的最短途径。

如果只是你自己一个人偷偷地做，在失败时不告诉别人，你就不必面对你的失败，因为在大多数情况下你不必告诉别人你的失败。

---

① "红海"指竞争激烈的市场，"蓝海"指注重创新、在现有市场中寻求新机会的市场。——译者注

采取行动后失败的人会有更多收获

因为人类是社会性的动物，所以人为自己而做的努力是有限的。

据说心理学家马斯洛在"需求层次理论"的五个层次的最上层加上了"自我超越的需要"，我非常赞同他的观点。人们希望通过让周围的人参与进来而获得成功，但他们也必须承担失败带来的耻辱感和痛苦。

当然也存在向周围的人高声宣布成功却失败了的情况。那个时候我们会失去信用，但是还有机会恢复信用，这取决于我们如何去应对这个失败。

"对不起，你跟着我做却失败了。但是，通过这次失败我学到了一些教训，虽然没能得到好结果，但我还是有收获的。我下次会充分利用它。非常感谢大家的努力。"

我认为，与那些因为没有行动而没有失败的人相比，采取行动而失败的人更值得尊重。行动失败的人，虽然无法获得金钱方面的成果，但他们得到了经验。失败是一条弯路，但我相信那个经验会有很大的价值。

即使自己不能成功，后来的年轻人也会受到失败的影响，成长起来。你可以为此感到骄傲。宣言带来的回报远大于宣言带来的羞耻和风险。我认为宣言里不仅包括成功，也包括失败。

🧠 对自己与优秀的人之间的差异进行元认知

我认为即使收到了第三方"你成功了"的评价，也不一定意味着你已经成功了。

成功在于，你是否在真正意义上给出了最好的方案，或者是否做出了最好的决定。

回顾自己做过的事情，从这个角度进行元认知。在产生别解的过程中，我总是观察我的视角是否太低，我的视野是否太窄，我是否朝着安逸的方向前进，等等。

从元认知的观点来说，我尝试与远在我之上的企业家相比，看看我与他们之间的差距，比如与特斯拉公司的埃隆·马斯克（Elon Reeve Musk）等海外领先的企业家的差距，与软银的孙正义先生等日本领先的企业家之间的差距等。

因为我认为重要的是认识到"以现在自己的别解力程度，很难战胜他们的别解力"。

人们总是不知不觉地对自己宽容。我们必须克服这一点，努力地去开阔我们的视野。

对我们自身进行元认知时，可以采用自己的方法。我是客观地把自己想象成自己身边的某个人，并从这个角度来评价实际的自己。

- 从后辈和熟人眼里看到的自己。

- 从公司外部董事眼里看到的自己。

- 从检查员眼里看到的自己。

- 从员工眼里看到的自己。

- 从家人眼里看到的自己。

- 从客户眼里看到的自己。

不是单纯地客观地看待自己，而是对这些人进行情感投入。想一想从自己身边的人到离自己有一定距离的人，他们到底是如何看待自己的。我经常用元认知来进行判断衡量。

当我与人见面的时候，也经常采用这种客观观察自己的视角。

"我进行了自我介绍后，这部分反应很好，但那部分反应就没有那么好。"

"我被我熟悉的人接受但不被陌生人接受。"

仅仅是通过自我介绍，你就可以发现你所缺少的东西。这是一个可以在不同情况下的人际关系中，发现自己的过程。

当我第一次与某个陌生人见面时，我会在一个小时后看对方会有什么样的变化。

"见面的话，就让对方成为我的粉丝。"

"见面后对方说我很温柔。"

"没想到你是一个这么可靠的、这么有人情味的人。"

我也是从元认知的角度来看待这样的评价变化的。

充分认识到失败是成功的原型

本来我就觉得失败是会发生的，所以即使失败我也不会感到沮丧。与其闷闷不乐，不如去反思。这会让我们想要思考怎样挽回失败，想要开始行动。于是我产生了这样一种感觉，即失败的负面因素应该被当作肥料，为下一次成功做准备。

把失败归咎于某人是没有意义的。你必须意识到这一切都是自己的责任，反省一下，为下一次做好准备。

就算你继续抱怨，世上也没有人会来帮你。

消极的态度是完全没有意义的。是否知道这一点，会出乎意料地影响我们的失败力。有人在聚会中总说上司的坏话，要说还不如当面直接说。不要自己判断觉得这个不能说，如果你告诉上司"这样做会比较好"，对公司来说可能都是有益的。

如果真的不能说的话，就不要直接和上司说，而是去找上司的上司说，总之方法是多种多样的。比起那些没有用的坏话，这样的方法更有可能解决你的问题。

首先不要陷入这种心态是尤其重要的。从自己还是学生创业的时候开始，我就尽量避免说负面消极的话。因为既然说了，我就觉得自己必须去解决它。

越早掌握这个行动特性，对你就会越有利。

失败在你放弃之前，都不算失败

不放弃就不算失败的心态，不仅在解决问题方面很重要，在经营企业方面也很重要。

"如果我当时再多努力一点，我就成功了……"

一想到很多人在这个阶段就放弃了，就会觉得很遗憾。

"我判断错了应该撤退的时机。"

"因为资源不足，无法继续。"

"没有人相信我们。"

"那个时候有点太早了。"

"如果能筹集到更多的资金的话，说不定结果就不一样了。"

"如果我当时说服了那个人的话，可能就成功了。"

这些都是可以作为借口的话。这些话都只是一些为自己开脱的借口，失败的根本原因其实就是我们的努力还略有不足。

有很多人从濒临失败的状态，通过挽回，最终取得了成功。所以只要我们不放弃任何有可能成功的手段，就会有更多的机会取得成功。

走到濒临失败的那一步，你应该已经有了建立起来的组织、筹措好的资金和自己的资源。

这时候应该再仔细想一想，还有没有其他自己能做的事情，希望你们可以再努力坚持一下。我也有过很多痛苦的时期，但我都没有放弃，这让我最终取得了成功。

应该避免的失败和应该从中吸取教训继续前行的失败

许多人因为失败而对生意失去兴趣，或者因为身心失去平衡而崩溃。从这个角度看，可以说，失败是可怕的。

我们还应该看清这个失败是一个应该避免的失败，还是一个应该从中吸取教训继续前行的失败。

必须避免的失败当然是能避免则避免，不过在一个新的领域，如果不尝试做一下的话，可能就不知道这个方案会不会失败。有时只有在失败之后，你才能够进行下一步。失败了也会继续努力的人和因为失败而放弃的人之间会有很大的差别。

这也可以说是职场的问题。很多人认为自己已经不行了，已经到了极限了，就马上跳槽，但在很多情况下，他们应该会思考自己是否真的应该换工作。

只是因为厌倦了人际关系而放弃的人太多了，我觉得十分可惜。如果再努力一点，比如申请公司内部调动，至少等我们采取了其他措施也无济于事时，再跳槽也不晚。

如果你失败了，走了弯路，你会获得更多的经验

作为一种反思和一种行动习惯，重要的是不仅要积累正面因素，也要积累负面因素，如失败的经验和没有做好的地方。

我从很久以前开始就一直在写日记，而且每周会回顾这周每天写的内容，每个月也都会再回顾一次，然后每个季度回顾一次，每年再回顾一次。

在日记里只写成功的事情是没有意义的，我优先写负面的内容。回顾为什么会失败，反思如果我们再做一次是否会成功，反思我们应该怎么去做，回顾当时没有其他的方法，最后可能还是会失败，等等。这样我就可以确定我失败的原因，我失败的地方在哪里。

如果一切都只有负面因素，我想我们应该退出这个领域。我会在写日记时系统地进行这样的思考。

你能否立即回答"如果回到 3 个月前你会怎么做？"这个问题

我经常这样问我的员工"如果回到 3 个月前你会怎么做？"

我问他们的是，如果回到了 3 个月前，回到我们正要开

始做这项 3 个月后会失败的工作的阶段，这次应该怎样去做才能成功。

但是，几乎所有的员工都无法回答。这样的话，无论做多少次都还是会失败。恐怕日本的商务人士大部分都和我们公司的员工一样。这样的话，无论有多少次机会，最终都还是会失败。

在你的一生中，能有几次这样获得击球的机会？

现实是你没有那么多机会。大家都期待着，有主题、有课题、有伙伴，在最好的状态下挥棒的机会。这样的机会，一生中不会有好几次。当你得到了这个机会，而不充分利用它，我觉得很可惜。

但是，如果我们不去反省，不去回答"如果能回到 3 个月前你会怎么做"这个问题的话，我想即使再给我们一次机会，也只会重复同样的失败。

失败了，你将不再被信任，你的信用也不会有所提高，你还会失去自信。

一个人如果陷入了那样的窘境，却没有回头反思。我很担心他将如何完成未来的工作。

他们应该去分析原因、去思考对策，展现出新的干劲，来告诉我们"我因为这样的原因失败了，如果再给我一次机会的话，我这样做，就能取得成功"。

如果你做不到这一点，可能是因为你还不明白为什么你会失败。正如我告诉你的那样，这是因为你没有在假设你会失败的基础上采取措施；因为你没有增加你的失败经验，你将永远无法应对失败。

从失败中学习，重新创造机会

如果你不能确定失败的原因，不能很好地汇报你失败了这件事，而且只是期待以另一种方式取得成功的话，你可能就不会再得到下一次机会。

在日本，大多数情况下，一旦你失败了，你就不再有机会了。如果你能按照我所说的方法去做，你将再次获得一次击球的机会。因为只要你从失败中学习，你就会更接近成功。

如果你失败了，你必须付出比成功时多好几倍的努力来挽回信用，重获信任。避免能避免的失败，并在失败时将其作为经验法则。一定要牢记这一条规律法则。

🧠 如果差距太大，就在别的场地上决一胜负

如果你无论怎么做都赢不了的话，就干脆撤退，去不同的领域决一胜负。

失败一定要以学习来结束，所以即使是撤退，也不能只是在撤退中得到教训就结束。你能在多大程度上把你所学到

的东西与下一步联系起来？ 这一点极为重要。

这同样适用于个人。是提前退出好呢，还是尽可能地坚持下去好呢？当然，提前退出也有它的好处，比如减少损失，但是如果是 J 型曲线所示的问题的话，如果你看错了转化为成果的质变的临界线的话，也会造成机会损失。

我认为有必要确定一个范围，即能够解释撤退理由的范围，同时也有必要确定不撤退的话会给人们带来麻烦的范围，然后反过来判断撤退的时机。

你要进入新的领域，即使一个完全不同的领域也没有问题。如果项目本身就涉及各种人群的话，最好选择相近的新领域去挑战。最好尽早下决定，保证项目处于可以修正的状态。

在转换路线的前提下生存

如果项目中的一部分即将失败，不要做出那种要么全部撤退，要么全部保留的这种非 0 即 1 的决定，而是给自己一些空间，例如只关闭一部分据点等。在通常情况下，项目幸存的部分里有可能会产生新的事物，而且这些新的事物往往会给整体带来好的影响，让这个项目得以幸存。

原本就没有人从一开始就能顺利地经营一个企业，而不进行转换（转换方向、变更路线）。次元公司也改变了业务的主轴，从其设立时的商务业务转换成了聚合式业务。在证券交易所上市后，我们对我们的业务轴进行了修改。

碰壁的经历会使人和企业变得更加强大。

在瑞可利集团的 3 年时间里磨炼自己的别解力

刚进公司，我就开始以最快的速度前进。我在学生时代就已经学到了一些商业基本知识。

我很快就赢得了具有挑战性的任务，取得了很好的成绩，并被委以更困难的任务。"工作的报酬是工作"，我进入了这样一个正循环。

瑞可利集团当然也会有优秀的学生进来。在学生期间做过学生团体或社团代表的新加入的员工都精力充沛，也很有素养。但他们并不是刚进公司就会做业务。我想我是在这一点上和他们拉开差距的。

为了尽快被委以重任，我设定了一个目标，就是参加瑞可利集团面向全体员工举办的新事业提案制度"新环"，在其中与其他人决一胜负。

勇于以只有新人的团队来进行挑战

在这个挑战中，为了实现目标，我也想出了最合适的别解，然后付诸实践。

和强者（优秀的人）合作的话，胜算会变大，这就是优越的做法。但是我想出了一个用只有新人的队伍取胜的别解。我认为这将提高我自己的产品的价值。 为什么？

因为即使和强者组队获胜，也不能帮助你成长。我收到了许多优秀前辈的邀请，但我都拒绝了。成为管理新人的领导人，输出的经验价值会更高。

为了跟上时代的变化，我去见了过去的大奖赛获奖者。"环"始创于 1982 年，1990 年改名为"新环"。我们采访了"新环"的获奖者。

从过去的获奖项目中，我们研究它们是否在现在也具有可行性及再现性。我们团队修正方案中与时代不符的部分，对其进行优化，然后设定任务和必要的前提条件。

环顾四周，我们发现很少有人和过去的获奖者交谈。也许他们中的许多人没想到过去和他们交流。

这可能是因为他们认为，如果他们不自己想出一切，就不会有创造性。有些团队不收集过去的信息，一切都自己重新做，结果时间不够用；有些团队只见树木不见森林，错过了重点。这样的做法就有点本末倒置了。

让本公司以外的王牌来当伙伴

即使组建了团队，仅凭团队内的资源，你能做的事情也是有限的。

我们的团队只有 6 个人，而且都还只是新人，作为商务人士还不够成熟。仅靠我们 6 个人很难与他人竞争，所以我让我们外部商业伙伴的王牌参与进来，帮助我们。这是彻底挖掘别解的做法。

我还试图了解我的竞争对手的情况，有多少团队参加了竞选，他们处于什么水平，他们的水平和过去相比是高还是低，他们的计划有多高的标准？虽然还没有达到战略的高度，但为了达成目标，我做得很彻底。

在之前参加的商业计划竞赛中，我们唯一的对手是学生。

但是这次，因为是和瑞可利集团的前辈们竞争，所以我们基本上处于竞争对手都比我们强的环境之中。

我们曾试图找出我们的优势和劣势，但我发现我们几乎没有优势。我们只有弱点，如缺乏说服力、缺乏成就和缺乏能力。但如果我们不击溃对手，就无法取得胜利。

这是我进入公司第一年对"新环"的别解。

那一年我们的表现受到了好评，23 岁的我成为"次元公司前身"的瑞可利集团的董事。我认为我之所以能够取得这样的结果，是因为我彻底钻研了如何利用别解来赢得胜利。

虽然我在瑞可利集团只工作了两年零九个月，但我获得了很多终身适用的知识和经验。

此后，在 27 岁时，我通过管理者收购获得了瑞可利集团下一家公司的股份，在 30 岁时我将该公司上市了。只用了

7 年时间，我相信取得这样成就的原因还是在于别解力。

要 点

- 以"假设失败""让我们尝试假想失败"的态度，事先考虑失败。

- 失败也可能导致失去下次的机会和好的工作。

- 失败的再现性很高，所以可以制作失败列表。

- 如果不能把风险作为伙伴，就无法期望高回报。

- 越是在成功的时候，越要考虑失败。

- 从一开始就宣布你可能会取得成果，以避免找借口。

- 客观看待自己，从周围人的角度来考虑。

- 明确是应该避免的失败，还是应该从中吸取教训继续前行的失败。

- 失败了的话一定要好好考虑下一步该怎么做。

- 确定一个能够解释撤退理由的范围、不撤退的话会给人添麻烦的范围，倒推出撤退的时机。

第6章

成长力：巩固作为商务人士的基础

支撑所有能力的成长力

到目前为止，我们一起学习的 4 种能力，其实都是由另一种能力支撑而成的。这种能力就是"成长力"。

在本章中，我将针对作为商务人士应该如何成长这一问题，给出我自己的想法和做法。首先重要的是输出和输入的关系，而且，关于技能的磨炼方法也必须有优先顺序。我还将告诉你们如何交朋友，以及如何认识人和建立良好关系的关键。最后，我将分享我自己作为一个在没有正确答案的时代生存的商人的重要心态。

这几点都是人们常说的"虽然知道但是做不到"的事情。反过来说，如果彻底做到这些，你就会有爆发性的成长。

优秀的企业家每天都在坚持成长。成长力就像企业家能力基础的基石。无论你是一个商人还是学生，都需要掌握这个能力。图 6-1 显示了成长力在创业思维的 5 种能力中的定位。

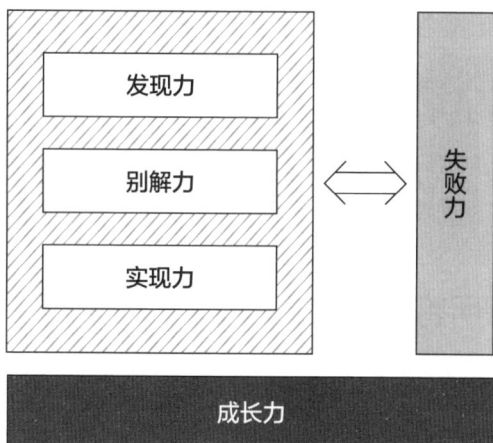

图6-1　成长力的定位

🧠 输入与输出的结合

在日常工作中，我意识到，没有多少人积极地参与输出。

输入是一个人也可以做的，可以利用空闲时间，自由度很高，所以输入容易比输出花费更多的时间。输入容易让人觉得自己在工作、学习，这样让人更倾向于输入，而不是输出。

相反，输出不能一个人完成。输出的机会也很少，不是随随便便就可以进行挑战。准备开始进行输出时的心理障碍也会很大，所以大家都不怎么愿意输出。

这点很重要，所以我想大声地告诉你们，输出比输入要重要得多。

输入当然是必要的，但是仅靠输入并不能使你更强大。我想为大家介绍一下我正在做的一种做法。

这个方法就是，从输出中开始倒算，然后进行输出所需的输入的做法。这样的话，输入和输出的转换就可以变得更快。

比起随意输入不知道什么时候能用得上的知识，去输入那些迫于必要的知识，这样学习的速度也快，技能也可以马上掌握。

确实，我们生活在一个必须学习各种知识和技能的时代。

在我给大学生进行演讲的时候，在问答环节总是有人问"我应该从什么开始做起比较好？"这样的问题。

英语也要学。

编程也要学。

政治经济也要学。

在当今这个什么知识都需要输入的时代，我想每个人都会有所犹豫，犹豫自己必须做什么，自己必须按照什么顺序去做。

因此，请从自己想做的事情和输出所需的东西中进行有效的输入。这样的话，整体输入的进度也会提高。

输入和输出的快速循环

大学时代，我切身体会到了这一点。

我把在经营学和组织论课上从教授那里学到的东西，在我创办的公司中付诸实践。有成功的，也有失败的。失败的，下节课我会向教授报告。因为几乎没有学生把授课内容运用到企业运营的实践中去，教授也很乐意帮我解决这个问题。

教授告诉我"之所以会失败，是因为没有这样做。"

然后我又按照教授说的去做了，但还是没有成功。

"教授，教科书上写的这个理论太陈旧了，在信息技术界是行不通的。"

我就一直重复着这样的输入和输出，不断地执行着 PDCA 的质量管理循环。多亏了教授的帮助，我输入和输出的循环周期特别快，时间距离短，知识的鲜度变得非常高，这会直接形成高质量的输出。

这意味着，输入的转换率（在这里指的是，输入转换为实际输出的比例）变得非常高，成为成长的驱动力。

如果我们漫无目的地胡乱输入，而不在输出中运用的话，你很快就会忘记它们。想着以后总有一天能用上的输入，可能就会这样被浪费掉。

比起漫无目的地积累输入，不如试着准确定位输入，以便立即输出。这样的话，输入和输出的重要性就会得到逆转，我们就可以构筑一个更有效的输入和输出流程。

🧠 通过输出了解自己的优势

要想把别解的 3 个要素之一的"自己独特的做法"变成一个有效的做法，必须知道自己的优势、劣势，自己喜欢做的事情、不喜欢做的事情，以及自己适不适合做这件事等要点。需要充分进行元认知，发现自己与他人的不同之处。

还需要知道自己的价值观，知道自己最重视的是什么、自己以什么为目标，知道自己是谁，这将有助于你的成长。

具体来说，能认识到这一点就有输出的机会。在输出的时候列举"能做的事""不能做到的事"，并进行自我评分。

今天的演讲你觉得自己能得多少分？假如得了 70 分，得这个分数的根据是什么？在开头的"抓住客户兴趣"的时候失败了，扣 10 分；在最后归纳总结的时候过于仓促，所以一部分听众没能跟上，扣 15 分；整体上内容太多了，扣 5 分。

如果纵观全场的话，你应该排名第几？然后想一下在全国你又能够排上多少名。

如果会场有进行问卷调查，我们可以要求主办方让我们看一下问卷的结果、我们的得分，对照一下和我们自己给的分数相差多少。如果与自我评分有差距的话，我们应该去寻找产生差距的原因，并进行改善。输出是一个了解自己的绝好机会。

综上所述，定量评价是有价值的。如果只是看定性评价可能不会有太大的参考价值，如果你不能持续地进行定量评估的训练，你也无法立刻实现自我评估。

根据对方的能力来衡量自己的能力

也有通过了解对方的能力来衡量自己能力的方法。

在这种情况下，仅限定于对方优秀的部分。对方的劣势、能力不足的领域可能会比较突出，但作为衡量自己能力的标准，那些都是没有意义的。能够发现一个人优秀的地方是一个非常重要的能力，这能够让自己更清楚地认识到自己的能力，同时提高自己的能力。

反复观察对方，直到你能立即发现他们的5~10个优点。这时要找到对方自己没有注意到的优点。

"你在这一点上有很好的能力，如果你和我组队的话，你会进一步更好地发挥你的能力。你可能没有意识到这一点，但如果你发挥了这一优势的话，你将能够在这个大市场中竞争，你将有更多的可能性。"

这样与对方说话，对方应该就会想成为你的合作伙伴。

用便携技能和技术技能磨炼自己的力量

在发现自己的能力的时候，我们需要关注技能、精神、行动等各种各样的要素。在第1章中我们也说了，当涉及技能的时候，必须将便携技能和技术技能分开考虑。

便携技能是指"即使自己所处的行业和职业发生变化也能用于其他行业和职业的技能（日本厚生劳动省的定义）"。具体有"思维能力""解决问题的能力""人际交往能力"等。本书所讲的解决问题的能力和发现问题的能力，这种不管在什么行业都是通用的技能，就是便携技能。

另外，技术技能是指"编程"或"设计"等特定职务所需的技能。技术技能是仅次于便携技能的重要技能，但在没有掌握便携技能这一基础的阶段，就算掌握了技术技能，也不会有效。另外，因为技术技能是在具体的特定的职务上使用，在现在这个日新月异的时代，不断会有新的技能登场，所以技术技能很容易被淘汰。

便携技能和技术技能相结合

为了尽快打下坚实的商务人士基础，建议从便携技能开始掌握。我刚才提到了输出的重要性，输出时也需要巩固通用的便携技能。

但是，如果你的技术技能不成熟，你就无法获得令人满意的收入，因此先学习所有的便携技能，然后积累你的技术技能是不现实的。我们也应尽快学习技术技能。

我们应该以形成这样一种学习风格为目标，即在多掌握几个便携技能，努力成为什么都会做的人才的同时，集中学习几个特定的技术技能。你拥有的"经济发展成就卓越"的数量决定了你能在多大程度上使自己与众不同。你越早致力于学习各种技能，就越能使自己与他人区分开来，让自己更有独特性。

要有始终走在前面的领导意识

在精神和行动上都应该磨炼的要素就是领导力。

领导力无法用一句话来概括，领导力看重的是，一个人是否在真正的意义上能站在队伍的前列，正确地引导员工。通常我们会把工作交给员工，领导力在于当出问题的时候，你能不能站在队伍的前方。如果我将来不能领导次元公司了，我想我应该辞去社长的职务。

从背后鞭策跑在前面的成员，这样的管理人员，不能说他具有领导力。领导力是指与成员并肩作战，观察他们的工作并给予他们适当的建议。

而且，你需要做好准备，确保自己在任何时候都能发挥主导作用。

🧠 与那些拥有你所没有的能力的人交朋友

当你成为一名大学生、成为一名社会成员后，你就会开始意识到你擅长什么，不擅长什么。

可能你不怎么会唱歌，运动能力也不强，字也写得不好看。

当你年轻的时候，这些可能都是令人烦恼和尴尬的，但随着年龄的增长，你就从那个环境中走出来了，变得更加自由。因为你可以重新评价你的同伴。如果你不擅长某件事，你不必去克服它，你可以把它交给别人去做。

在上大学的时候，我觉得创业必须什么困难都要自己一个人解决。为了能自己一个人应对，我努力掌握了所有必需的技能。得益于此，我能够独立完成多个领域的工作。

尽管如此，还是有一些我不擅长的领域。如果没有人能胜任那个领域，这个组织就不能很好地运转。因此，我有意识地改变了结交朋友的方式，并努力与那些擅长自己薄弱领域的人深入交往。

有意识地与自己互补的人交流

这是一件必须"有意识地"去做，才能做到的事情。

一般来说，销售人员会有更多销售方面的朋友，编辑则有很多编辑工作方面的朋友。和与自己职业相同的人交流必然是谈得来的，因为他们会有很多引起彼此共鸣的话题，也会有很多对方都很感兴趣的，都在关注的话题。

但是，只是这样不足以构成互补关系。

只有通过与那些不在我们熟悉的领域，离我们有一定距离的，完全不一样的人群交往，你才能扩大自己的视野。

当我进入大学，看到我朋友们的背景后，我意识到自己想当一名程序员这条路是走不通的。为此我走访了几所大学的理科研究室，并与里面的人们接洽，希望能加入这个行业。我尤其记得有一个信息科学专业的研究生，他有我没有的技能。我当时想要好好珍惜这个朋友，我热情地跟他交流沟通。现在来看，满满的都是回忆。

这种处事方式在今天仍是如此。即使你不是像我这样的经营者，如果你有丰富的人际关系网络，你的工作质量也会更高。如果你拥有不同技能的朋友，你应该充分利用他们的长处。

因为我是在学生时代创业的，所以很珍惜当时所在的SFC 环境信息学部的朋友。

精通信息技术的人，有建筑才能的人，能够进行设计的人。因为校园里有很多擅长自己薄弱领域的人，所以我非常幸运。如果在我的大学里找不到相关人才的话，我就会去东京大学、早稻田大学、电气通信大学找。

我会邀请他们说"我在 SFC 做这样的事，你们要不要加入我们？"

有很多成员越过学校的障碍，加入了我们团队。

他们的动机是"这件事看起来很有趣"。因为大学生都渴望刺激，所以向他们展示我们的优势、劣势以及未来愿景的可行性，大多数人都会为之所动。

如果你的业务和未来愿景有吸引力，你可以吸引到更多的朋友来参加。

最后打动对方的是愿景的可行性

这里的重点是未来愿景的可行性。除非人们能看到它是可行的，否则他们不会行动。

"这看起来就行不通。"

"这个都已经失败过一次了。"

"这个太难了，有点麻烦。"

当人们想要着手某件未知的事情的时候，他们会有一个先入为主的观念，认为这是不可行的。而打破对方这种想法的关键是最后如何打动对方。

什么事情都自己一个人做是做不到的，我们需要和别人一起去做。这可能是一个很难的问题，但如果我们一起的话，应该可以做好这件事。

人都想着要去做点什么，我们的潜意识都是非常积极的。

如果这样对方都不为所动的话，可能是最后没有打动对方。不要只考虑未来愿景，也要考虑如何展示这个愿景的可行性。

能力和人脉是相关的

不管是向他人学习，还是构筑人脉，最有效和高效的方法是将优秀的人作为榜样，并与他们见面。

我从学生时代就这样思考，并努力去认识我想认识的人。

当然也不是想见什么人就能够见到的。在经历了一些令人沮丧的经历后，我开始思考原因。

我意识到的是"我和对方的想法并不平衡"。

站在对方的立场考虑的话，对方肯定不愿意把自己的时间交给还是学生的我。我还没有好到让对方想见我，或者是我还没有取得足够好的成果，只有当我做到其中一项的时候，才有可能见到我想见的人。

这是一个简单而直奔核心的答案。即使知道了原因，人们却往往忽略了如何去解决这个问题，这就是现实。

解决方法其实很简单。如果你还不够优秀的话，那么你应该改进自己，让自己有足够的资格让对方愿意来见你。在此基础上，你必须创造机会，让对方看到你是够资格的。你应该考虑如何让他们与你见面，并下功夫来实现它。

很遗憾，即使我现在已经是上市公司的社长了，但如果我明天想见软银的孙先生，可能也还是见不到。这不是因为日程安排的问题，而是因为我还不够资格去见孙先生。这就是可悲的现实。

为了和想见的人见面不惜一切努力

如果提高自己需要很多时间的话，你可以去参加你想见的人的讲座。

当我还是学生的时候，我是软银集团的孙正义先生和赛博艾坚特公司的藤田晋先生等企业家的忠实粉丝。如果有知名的企业家的演讲会的话，我会去参加好几次。

如果不太可能和他们进行一对一的会面，可以尝试多召集一些人，一起去尝试，结果可能就会不同。

如果会面的理由不被认可的话，我们可以试一试采取采访的形式。现在有各种各样的媒体，如果能和市场价值高的媒体合作的话，就有可能见到你想见的人。

不管怎么样，如果你不能提供一个对方与你见面能得到的好处的话，就无法与对方见面，这就是现实。

当你没有能力的时候，可以用你未来的形象作担保

年轻的时候，除了少数例外，大多数人都没有什么经验，能力也不是很高，几乎没有成果。如果你没有能力和成果，我们还可以想到什么样的方法去见你的榜样呢？我的建议是，把你的未来愿景作为担保去和你的榜样见面，这是年

轻人用才会有效的方法。

年轻的时候有体力，头脑灵活，有应对变化的能力。

而且越年轻，你就有越多的时间可以利用。你打算利用那些时间去做什么。通过向他们介绍这些，就可以获得机会。

年轻人只要有机会就会在短时间内急剧成长。越是优秀的长者越了解这一点，所以他们不会冷漠地对待你。

但保持沉默并不能让人明白你想要做什么。如果你不能将你的未来设计成一个真实的故事来吸引别人，你的想法甚至都上不了谈判桌。

因为这个难度很高，也需要对方的善意，所以这不是一个绝对能取得结果的方法。尽管如此，这个方法还是有实施的价值的。

我用各种各样的方法见到了我的榜样，当面真实聆听了他们的故事，这带给我的冲击力是如此强烈，没有什么可以与之比较。

🧠 和人的相遇是最大的成长

你想成为什么样的人？

这可能是全人类永恒的主题。

但归根结底，自己一个人来决定自己要成为什么样的人是非常困难的。

最好还是以其他人作为榜样，无论是实际存在的人，还是电影和动画中的人物都可以。

了解到人的生活方式不止一种，也是非常重要的。其他人是如何生活的，他们所珍视的价值观是什么，他们面临的挑战是什么以及他们如何努力解决这些问题。内化他人的智慧是人类发展的宝贵财富。

年轻人如果自己不行动的话，在找工作之前他们能见到的长者只有父母和老师。二者都是关心你、重视你的人，也是对你感兴趣的人。

但其他成年人一般都对学生的话不怎么感兴趣。即使作为就职活动的一环，他们接受校友访问，那也只是受人事部的委托与学生见面而已。

我在找工作之前就见过很多这样的成年人。我受到的对待几乎完全一样，他们对我不感兴趣。在不断地遇到这些情况后，我开始思考怎样才能让那些人对我感兴趣。

这段经历帮助我在与成年人交谈时形成了一种随机应变的能力，当我找工作时，我在面试中很少遇到问题，因为我的谈话内容超出了问答的水平。

在学习了如何构建信赖关系、如何让对方对你有好感等方法的基础上，深入思考自己的价值观和对未来的愿景，找到一个体现这些价值观的榜样，并一边研究如何与那个人见

面，同时开始采取行动。我认为这是让一个人成长的最有效
方式。

至少准备 10 个问题

那么，实际见到你想见的人的时候，应该做什么呢？

对方应该不会主动和我们说话，必须由我们创造谈话的
气氛。当你遇到一个人时，问他们什么问题，这是非常重要
的。因为根据你的提问，基本上就能看出你的实力。

那个时候最好的武器是，事先准备好的提问笔记。

第一次与某个人见面时，我至少会准备 10 个问题。当
我见到那个人的时候，我已经做好了准备，我会带着我想知
道的答案离开。即使见面是通过吃饭的方式，我会不顾饭菜
一直提问，这似乎给对方留下了深刻的印象。

不要问那些你可以通过查看他们的社交网络、采访或书
籍可以知道答案的问题。那些经常被问到的问题，往往会让
对方感到厌烦。

我们要问的应该是那个人的意见和想法。我们应该事
先掌握应该掌握的信息，然后想出一些能够引出对方意见的
问题。

就我而言，我为经营者准备了同样的问题。

"在经营指标中，你最重视哪一个？"

有的经营者重视库存的指标，也有的经营者只看净资

产，还有的经营者重视增长率，或者是销售额和利润。这个问题的回答，其实反映了经营者过去的经验，例如那些过去经历过破产的人或者那些与银行沟通困难的人。这些特点都得到了很好的体现，对掌握那个人的情况很有帮助。

在面试的过程中，我经常问那些在其他公司里活跃的人"你的市场价值是多少"。这个问题是要看你是否能客观地说出你的价值，不只是工资，还有你在行业中的相对价值，以及你对自己价值的自我评估。

你可能无法提出你所准备的所有问题。这时最好的办法是确定优先次序，从你最想问的问题开始问。

你的准备有多充分？他们会不会与你产生共鸣？能不能让对方成为你的粉丝？ 如果能有见面的机会的话，第一次见面时，能不能充分展示自己的能力是能否有收获的关键。

当然在谈话的流程中提出疑问，或者提一些可以扩大话题的问题也是技巧之一。你必须结合当时谈话的整体情况、对方的意见的方向性以及谈话的场合气氛等来进行提问。

永远不要忽视商务的基本业务培训

我每天洗澡的时候，都会拿来一张写有每周关键绩效指标的表，贴在墙上看数字。这个行为是 5 年前开始的，我至今还记得最开始的数字。

3 年前的公司是怎样的状态，5 年前是怎样的状态，以及在此基础上未来想成为什么样子。

如果有任何地方与我心目中的数字不同，我就会去找出它们，改变它们，使它们成为我想要的样子。每天洗澡的时候，甚至在洗脸的时候，我都一边闭着眼睛一边想这些数字。就像为了考试背英语单词一样。因为次元公司有很多业务，如果我不每天看一看记住它们，我就会忘记。

CEO 本来是首席执行官（Chief Executive Officer）的缩写，但我认为 CEO 是"首席一切官（Chief Everything Officer）"的意思。我想最大限度地提高我的成本效益。当然，我也有工作伙伴。但归根结底，你必须有这样的心态：如果出了问题，你必须自己解决。重要的是，我可以自己做所有事情。

次元公司仍然没有一个完整的 CXO 体系，但是公司正在成长。当然，如果我有缘碰到了一个优秀的人才，我会聘用他担任 CXO。但如果只是为了填补框架而去录用我们无法接受的人才，我想我们会失败。

锻炼自己，使自己能做到成员能做的所有工作

如果你具备了独自开展工作的能力，你的内心就会变得从容。不要把工作完全扔给部下，要掌握整体的工作情况，并做好承担责任的准备。通过这样做，我现在有信心对任何向我询问工作建议的员工给予答复。正因如此，员工才会信

任经营者。这就是我不断进行商务基本训练的原因。

这一点，是一般的商务人士也可以效仿的。

在涉及自己的工作时，他们应该和经营者一样负责。即使你的项目规模不大，即使你只是一个团队的领导者，你也应该有经营者一样的想法。这也适用于科室、部门或总部的负责人。这名负责人必须继续练习，直到他能够自己处理所有工作。

之前说过了别解可能会失败。即使全部失败，只要我还在，就没有问题。我认为这是做生意最起码要有的心态。

制定自己的框架和原则

在社会和生活中，有更多的事情是你看不到的，有太多的人和事在你的管控之外，无法控制。因为世界是一个复杂的系统，人生是一段距离很长的旅程，所以如果没有好的方法论的话，就会浪费很多时间。因为世界上有太多无法解决的课题了。

为了理解社会，请注意尽量用分数、框架、因果等结构来进行管理。目前，没有任何框架能更清楚地揭示世界的结构，所以你必须自己创造一个。

与人会面时，态度也没有固定的参考框架，这一点我在前面也谈到过。

你可以问你想问的问题，但你应该知道，你问的问题会反映出你的实力。如果是这样的话，你是否有一个独特框架，会出现很大的差别。那个框架应该是看是否能提出一个问题，引出你想要知道的答案。

想一想你将如何解决这个问题

了解一个复杂和充满挑战的世界的最好方法是把各种问题作为案例研究来解决。

你必须将一个一般性的话题个性化，并思考如果是自己的话会怎么做。

尽可能地致力于这个思考训练，是强化自己的一个关键。如果你培养了自己独立思考、解决问题的习惯，你将能够解决更多的问题，发展你的领导能力。

我和经营者朋友、熟人见面，也经常考虑如果自己是对方公司的社长该怎么办。这种思维练习使我能够处理那些我在日常工作中没有经历过的问题，就像我经历过一样。

做和别人不一样的事，单独行动

要想成长变强，重要的是知道和别人做同样的事情是没有意义的。世界上有无数需要解决的问题。如果一个人有着不想和别人做一样的事情的心态，他会飞速成长。

但是，做和别人不同的事情存在困难，需要勇气。

日本社会告诉人们要有个性，但却不承认个性。

在这样的情况下，能否展现出你的个性，会与别解力挂钩，引导我们成长。

比起要有勇气展示自己的个性，其实更重要的是如果你不能展示自己的个性，你就会很无趣。这样的心态是从不输给"同调压力"、独立开始工作开始的。

要　点

- 从输出来倒推输入。

- 定量评价自己的输出。

- 观察对方，立马找出对方的 5~10 个优点。

- 先学习便携技能。

- 与那些不在你的专业领域的人，那些与你相距甚远的人进行交流。

- 找到你的榜样，不惜一切努力与其见面。

- 与人第一次见面时，准备 10 个以上的问题。

- 锻炼自己，意外发现时，自己能够掌控局面。

- 要有这样的心态：如果不能展示自己的个性，就会很无聊。

后 记

我非常幸运自己能有机会执笔这本书。

新冠疫情改变了我的价值观。

比起学习、掌握技能，取得成果，新冠疫情让我有了一种热情和强烈的使命感，让我觉得为了社会和人民的利益，我必须把我的想法传递下去。

和我同龄的 30 多岁的人会因新冠疫情而去世，这使我对死亡有了更加深入的思考。

我的父亲是 53 岁去世的，父亲在还算年轻时就离开了这个世界，从父亲那里我受到了很多积极和消极的影响。从很久以前开始，我就对父亲去世的年龄开始了一定的思考。

我总是用 53 岁减去我现在的年龄来计算我的剩余时间，在新冠疫情期间，我觉得自己至少还有 15 年要活。我本打算在这 15 年内，把我所有能够传授的都交给公司的伙伴和年轻一代。但是新冠疫情改变了我这个想法。

现在公司已经上市，我们的员工也都在努力工作。冷静来看，即使我突然不在了，也应该能保证次元公司的持续性。事实上，我也是这么经营这家公司的。

尽管如此，我最重视的事情，尤其是开展工作时重视的想法、行动、习惯等，在我生命消失的瞬间就会消失。

正如我在本书开头提到的，很多年轻人都在为他们的工作方式而烦恼。

我见到过很多因为工作无法取得成果而烦恼的人，还见到过连做什么都不知道的人。

虽然有点自吹自擂，但如果我的想法、行动、习惯等对年轻人有帮助，甚至能够拯救一些年轻人的话，我想现在趁着自己还和读者生活在同一时代的时候，把我的想法、行动、习惯都写下来。

这就是我想写这本书的动机。

在新冠疫情中企业家们的奋斗也很值得一提。

面对急剧变化的商业环境，过去的方式不再适用，为了生存，企业家们创造了各种各样的别解，他们都是了不起的幸存者。

正如本书中提到的，企业家的突出能力在于他们能够实施与他人不同的战略。事实上，毫不夸张地说，企业家一直在考虑如何做得和别人不一样。

如果除企业家以外的人也能使用这个能力，社会就会更加繁荣，各种问题就会得到解决。我相信，只要掌握别解力，不断提出新的别解，世界上就会诞生更多创新。

我希望你不要再把你脑海中想出的想法和举动当作荒谬的事情来否定，也不要再把它们封存起来。

你所摒弃的想法和策略才是别解，如果将它与优越的做法和自己独特的做法结合起来，你将会取得前所未有的成果。

日本是一个成熟、饱和的国家，但却没有诞生像 GAFA①这样席卷世界的新兴企业。

然而，即使在这样的环境中，也可以培育创新的种子。这就是为什么我们需要不同于他人的个性。我们需要追求的不是正确答案，而是别解。

如果只选择优越的做法，只给出正确答案，不断模仿别人的话，你就不能打出本垒打，无法取得巨大的成功。打破这种停滞不前的唯一途径是让更多人去做本垒打。

企业家可以用几个小时讲述他们的工作有多有趣。本来，工作就应该是这么一件有趣的事情。如果你能在你所从事的工作中找到兴趣和乐趣，这将使你的生活更加充实。

一旦你获得了别解力，你将能够在做到自我实现的同

---

① 指谷歌公司（Google）、亚马逊公司（Amazon）、脸书母公司（Facebook，现已改名为"元宇宙"）和苹果公司（Apple）。——译者注

时，充分发挥你的个性。

如果本书能对你的实际工作和学习有所帮助的话，我将感到非常高兴。

平尾丈

致　谢

衷心感谢所有我遇到的和让我受到启发的企业家，以及所有支持次元公司的投资者和商业伙伴。

我还想借此机会对从创业到现在一直实施"别解"的次元公司员工们也表达感谢。因为有大家，才有了现在作为企业家的我。

在执笔本书的时候，承蒙林拓马先生、新田匡央先生的帮助。是他们从众多的企业家中发现了我，为我创造了这样的机会，让我能够对自己的一路奔跑到今天的企业家人生进行整理。衷心感谢他们。

我还要感谢次元公司宣传支持推进室的杉原麻裕子和津田咲，感谢他们在我写这本书的几个月里给我提供的帮助和支持。

最后，我想感谢所有拿起这本书一直读到最后的读者们。我希望这本书能对你的生活有一些帮助。

本书获得的版税，将捐赠给日本阿育王和日本教育等组织，前者为发现和支持社会企业家并致力于创造年轻企业家成长环境的一般注册协会，后者是一个经过认证的非营利组织，利用其在全球 6 个国家的网络，以自身的教师培训为主要业务，致力于改革公共教育。

平尾丈